메시. 조립법

메시. 조립법

초판 1쇄 펴낸 날 ㅣ 2015년 10월 2일

지은이 ㅣ 한준
펴낸이 ㅣ 홍정우
펴낸곳 ㅣ 브레인스토어

책임편집 ㅣ 신미순
디자인 ㅣ 나선유
마케팅 ㅣ 한대혁, 정다운

주소 ㅣ (121-894) 서울특별시 마포구 양화로 7안길 31(서교동, 1층)
전화 ㅣ (02)3275-2915~7
팩스 ㅣ (02)3275-2918
이메일 ㅣ brainstore@chol.com
페이스북 ㅣ http://www.facebook.com/brainstorebooks

등록 ㅣ 2007년 11월 30일(제313-2007-000238호)

이 도서의 국립중앙도서관 출판시도서목록(CIP)은 서지정보유통지원시스템 홈페이지(http://
seoji.nl.go.kr)와 국가자료공동목록시스템(http://www.nl.go.kr/kolisnet)에서 이용하실 수
있습니다.(CIP제어번호: CIP2015024391)

메시, 조립법

천재를 만드는 '지니어스 코드'는 무엇인가

| 한준 지음 |

브레인스토어

:

Prologue

메시와의 인터뷰에서
지니어스 코드를 찾다

 2014년 9월 10일자 미국 신문 「워싱턴포스트」에 흥미로운 기사가
실렸다. 아르헨티나의 로사리오Rosario에 거주하는 이들은 자신의 자
녀에게 '메시Messi'라는 이름을 붙이는 것이 법으로 금지되었다는 내
용이다. '2014 브라질월드컵'이 끝나고 두 달여가 지난 시점이었다. 아
르헨티나 축구 선수 리오넬 메시Lionel Messi는 조국 아르헨티나를 월
드컵 결승전까지 진출시켰고, 아쉽게 준우승에 그쳤으나 대회 최우
수 선수로 뽑혔다. 그의 고향 로사리오에는 자신의 아들이 메시처럼
되기를 바란 '아빠'들이 지나치게 많았던 모양이다. 너무 많은 이들
이 '메시'라는 이름으로 출생 신고를 하자 지자체에서 아예 금지해버
렸다.

 '메시'는 본디 이름이 아니라 성이다. 아이에게 메시와 같은 '리오
넬'이라는 이름을 붙이는 것은 상관없지만, '축구의 신'의 대명사가 된
'메시'라는 성을 이름으로 사용하는 것에 대해 로사리오는 다소 과한
결단을 내렸다.

축구 선수에 대한 열광은 비단 아르헨티나만의 사정은 아니다. 자녀를 축구 스타로 키우고 싶어 하는 이들이 우리나라에도 많아졌다. 요즘 사내아이의 돌잔치에 가보면 축구공을 돌잡이 상 위에 놓는 경우를 흔히 볼 수 있다. 얼마 전 찾았던 돌잔치에서는 '축구광'으로 유명한 남편이 아이가 축구공 잡기를 염원하는 모습을 볼 수 있었다. 한 스포츠 기자의 돌잔치에도 축구공이 빠지지 않았다.

국내 최대 포털 사이트 네이버가 온라인으로 발간하는 축구 잡지 「매거진S」는 박지성, 이승엽, 박세리 등 한국 스포츠계를 대표하는 선수들의 아버지가 한 자리에 모여 나눈 대담을 실어 화제몰이를 한 적이 있다. 요즘 스포츠 스타들은 부모의 '교육열'에 힘입어 탄생하는 경우가 적지 않다. 이제 축구 선수를 꿈꾸는 소년의 시대에서, 아들을 축구 선수로 키우고자 하는 열망으로 가득 찬 '사커대디Soccer Daddy'의 시대가 도래했다.

많은 아이들이 한국의 메시, 제2의 박지성을 꿈꾸며 푸른 잔디 위로 향한다. 그러나 모든 아이들의 꿈이 이루어지지 않듯, 모든 아빠들의 꿈도 이루어질 수 없다. 최고의 경지에 오른 이들에게는 한결같이 노력으로는 따라갈 수 없는 '타고난 재능'이 있다고들 말하기 때문이다.

세계 최정상의 선수로 불리는 이들조차 "메시는 타고난 천재"라는 이야기를 많이 한다. 꾸준한 연습만으로는 도달할 수 없는 경지에 이른 선수라고 평가한다. 그렇다면 메시의 능력talent은 정말로 신이 점지해준 '선물gift'일까? 개인의 노력과 관계없이 형성된 초자연적인 능력일까?

필자는 개인적으로 '타고났다'는 표현을 싫어한다. 인류는 오래전부터 설명하기 어려운 현상에 대해 미신과 종교에 의존해왔다. 그러나 나는 모든 현상에는 원인과 결과가 있다고 믿었다. 천재라 불리는 이들에 대한 비밀을 탐구하는 것은 나의 오랜 호기심이자 숙제였다. 어려서부터 남들보다 앞서가는 천재를 동경했고, 한때는 스스로도 어린 나이에 이룬 성취와 칭찬에 '나도 천재가 아닐까'라는 생각을 해보기도 했다.

자라고 난 뒤에는, 내가 생각했던 개념의 천재란 '없다'는 생각에 이르렀다. 섣부른 판단이었다. 다양한 연구 결과와 이론, 그리고 실재를 목격하며 천재의 존재를 확인했다. 다만, 천재를 계획적으로 만들어낼 수 있다는 실마리를 찾았다. 천재를 탐구하고 싶다는 열망이 다시 피어올랐다. 이제는 더 이상 호기심에만 그치지 않았다. 나는 천재를 만들어보고 싶었다.

직업적 특성상 유명한 사람들을 만날 기회가 적지 않았다. 그러나 만날 수 있는 분야는 제한적이었다. 나는 어느덧 10년 차 축구 전문 기자다. 축구 역사상 최고의 선수라고 칭송받고 있는 메시가 활동한 시대에, 그를 직접 취재할 수 있는 축구 전문 기자로 일한다는 것은 축복 같은 일이었다. 메시가 프로 경력을 보내고 있는 스페인 바르셀로나 현지에서 그의 플레이를 지켜보고, 또 근거리에서 두 차례나 긴 인터뷰를 나눌 수 있는 천운도 따랐다. 나는 축구 선수 메시를 취재하면서, 동시에 '시대의 천재'가 간직한 비밀을 탐구하고 싶었다.

스페인 특파원 시절, 전성 시대를 보내던 메시의 경기를 1년이라는 시간 동안 현장에서 지켜봤고, 한국에 돌아온 뒤에도 종종 스페인으로 건너가 메시의 여정을 꾸준히 쫓았다. '2014 브라질월드컵'에서 아르헨티나를 결승전까지 진출시킨 메시의 분투 역시 브라질 현지에서 취재할 수 있는 기회가 주어졌다.

직접 본 메시는 대단했다. 하지만, 그 또한 사람이라는 결론에 도달하는 것은 어렵지 않았다. 이듬해 메시는 FC바르셀로나 선수로 통산 두 번째 트레블유럽 축구 3관왕을 달성하며 축구 역사상 전무한 업적을 세웠다. 메시라는 인물의 천재적 성공 스토리가, 분명히 분석할 가치가 있다는 것에 더 큰 확신이 든 순간이었다.

해를 거쳐 여러 번 메시를 마주하면서 그가 시시각각 변해가고 있다는 것을 목격했다. 과거와 비교한다면 훨씬 더 활달해진 것이 사실이지만, 메시는 달변이 아니다. 현란한 발기술만 한 말재주를 갖지는 못했다. 메시는 인터뷰를 달가워하지 않는 성격을 가진 선수로 잘 알려져 있다.

'그런 메시를 만나면 무엇을 물어야 할까?'

유명 인사들과의 인터뷰 기회가 찾아올 때마다 스스로에게 이렇게 묻는다. 이런 기회가 많지 않기 때문에 잘 팔리는 질문, 독자들이 궁금해하는 질문, 그리고 나 자신이 궁금한 질문 사이에서 고민한다. 긴장 끝에 만난 메시는 인터뷰를 꺼릴지언정 인터뷰에 불성실한 선수는 아니었다.

담담하게 자신의 이야기를 하는 메시에게는 어린 나이지만 일가를 이룬 이에게서 느껴지는 특유의 아우라가 있었다. 준비한 모든 질문을 할 수는 없었지만, 두 번의 기회를 통해 필요로 했던 대답은 어느 정도 들을 수 있었다. 그 대화가 이 책을 쓸 수 있도록 이끈 큰 힌트가 되었다. 과연 천재는 태어나는 것일까, 만들어지는 것일까?

대한민국 전역의 수많은 축구 선수들, 그리고 축구 선수를 꿈꾸는 아이를 가진 많은 학부모들이 최고를 꿈꾸며 오늘도 비법을 찾아 헤맨다. 대체 어떻게 하면 메시처럼 될 수 있을까? 이 책이 그에 대한 명확한 답을 제시해주지는 않는다. 다만 메시가 정상에 오르기까지의 여정을 살펴보면서 어느 정도 실체에 접근할 수 있었다. 그 결과 메시를 최고의 자리로 이끈 키워드는 비단 축구 선수로서의 성공뿐 아니라 어떤 분야에서든 적용 가능한 '천재 육성 공식'이라는 결론에 도달했다.

'천재'는 규정하기 어려운 존재다. 때론 모두가 천재로 불렀던 이들이 '천재성을 잃었다'는 평가 속에 '범인'으로 끌려내려 오는 경우도 있다. 하지만, 축구계를 넘어 수많은 분야에서 천재라는 꼬리표를 얻었던 이들에게서 공통점을 찾을 수 있었다. 그들의 인생을 들여다보며 일관된 '천재 육성 공식'의 실마리를 찾았다. 이 과정에서 '천재'라는 수식어가 가장 잘 어울리는, 어쩌면 '천재'의 대명사라고도 할 수 있는 볼프강 아마데우스 모차르트의 사례를 접목했다. 작가 본인이 음악에 조예가 깊지 않기 때문에 모차르트의 생애가 메시의 '천재 공식'과 연결되는 부분에 대해 주로 언급했다.

독일의 극작가 요한 볼프강 폰 괴테는 천재의 정의에 대해 "의미 있고 지속적인 생명력을 갖고 활동하는 생산력"이라 규정했다. 그런 그가 천재로 꼽은 인물은 모차르트였다.

"모차르트의 모든 작품이 그런 활동의 산물이다."

모차르트의 음악적 성취, 그리고 메시의 축구적 성취는 그런 면에서 꽤 닮은 면이 많았다.

모차르트의 경우 그 자신이 천재일 뿐 아니라, 그가 만든 음악에도 천재가 될 수 있는 코드가 녹아 있다. 모차르트 음악은 태교 음악의 고전이다. 과학적 연구 결과를 통해서도 모차르트의 음악을 들으면 머리가 좋아진다는 것이 입증됐다.

1993년 미국 캘리포니아대학교의 프란세스 라우셔 교수팀은 모차르트 음악을 듣기만 해도 뇌의 활동이 촉진돼 지능이 향상된다고 주장했다. 이 이론은 이후 여러 실험에서 그 효과가 입증되지 않아 거의 지지를 받지 못해왔다.

「서울신문」의 보도에 따르면 2015년에 와서 이탈리아 로마 라사피엔차대학교 연구진의 연구가 라우셔 교수팀의 이론을 뒷받침했다. 라사피안차대학교 연구진은 평균 나이 33세인 건강한 젊은층 10명과 평균 나이 85세인 건강한 노인층 10명, 그리고 평균 나이 77세인 인지기능이 떨어진 노인층 10명을 대상으로 뇌파EEG를 조사했다.

이 실험에서 참가자들에게 모차르트의 〈2대의 피아노를 위한 소나타 D장조 K.448〉과 베토벤의 〈엘리제를 위하여〉를 각각 들려주고 전후 뇌파를 기록했다. 그 결과, 인지기능이 떨어지지 않은 두 그룹 모두 모차르트의 음악을 들었을 때 뇌가 활성화되는 것으로 나타났다. 구체적으로는 알파파 세기와 중파MF 빈도가 활발해졌다. 이런 뇌파 패턴은 지능지수IQ와 기억력, 인지기능 등의 향상으로 이어질 수 있다. 반면 베토벤의 음악을 들었을 때는 이런 변화가 일어나지 않았다. 이에 대해 연구진은 "모차르트의 소나타는 대뇌피질 조직에 긍정적으로 작용하는 힘이 있다"고 말했다. 이 연구 결과는 국제 학술지 「의식과 인지Consciousness and Cognition」 온라인판 2015년 5월 29일자에 게재됐다. 언젠가는 메시가 뛰는 축구 경기를 보는 것만으로도 뇌 인지 능력 향상과 운동 능력 향상에 도움이 된다는 연구가 결과가 나올지도 모를 일이다.

물론, 공식을 따라간다고 모두 같은 결론을 얻을 수는 없다. 다만, 한 가지 분명한 사실은 이 책이 그들의 성취에 최대한 가까워질 수 있는 '지침서'가 될 수 있다는 것이다. 축구 천재를 꿈꾸는 이들에게는 더 효과적일 것이다. 굳이 축구 분야가 아니라고 하더라도 '메시의 축구 인생에 새겨진 '지니어스 코드'는 한 분야의 정상에 오르기 위한 지름길에 가깝다고 볼 수 있다.

로마는 하루아침에 이루어지지 않았다. 메시는 한 가지 비결로 만들어진 것이 아니다. 뱃속에서부터, 태어나고, 자라서, 어른이 된 이후까지 본인은 물론 가족, 지인, 환경, 사건 등 모든 요소가 결합되는 우연 또는 운명이 시대를 초월하는 '천재'를 탄생시켰다. 나는 이 우연 혹은 운명을 필연 그리고 계획으로 바꿔보려고 한다.

많은 부모들이 자녀가 잘되기를 바라며, 때로는 욕심을 부린다. 그러다 결국은 내 아이가 건강하고 행복하게 자라주기를 소망한다. 두 마리 토끼를 잡는 일은 불가능하지 않다. 자신이 좋아하는 일을 즐기며, 정상에 오르는 일은 서로 다른 성공의 기준점 속에 가장 공감을 받을 수 있는 선택지가 아닐까? 내 아이를 메시로 키우기 위한 공식을, 이 책과 함께 풀어보자.

2015년 여름
한준

2 학교가 천재를 키운다

교시

04. 콤플렉스: 가장 큰 단점은 최고의 강점이 될 수 있다 · 80

MESSI STORY "항상 자신보다 큰 아이들 속에서 공을 찼다"

MESSI THEORY "단점이 강점을 키운다"

실전적용 TIP "핸디캡 놀이로 기술을 단련하라"

KEYWORD M "자유롭지 않아서 자유인이 된 모차르트"

05. 학교: 최고의 유소년 육성 기관 라 마시아에서 배웠다 · 100

MESSI STORY "최고의 환경을 제공한 라 마시아"

MESSI THEORY "네 번의 월반, 가능성을 넓히고 한계를 미리 넘다"

실전적용 TIP "물리적 조건보다 방향성을 살펴라"

KEYWORD M "모차르트를 환영하고 가르친 이탈리아"

06. 선배: 마라도나와 호나우지뉴의 총애를 받다 · 130

MESSI STORY "롤모델은 마라도나, 멘토는 호나우지뉴"

MESSI THEORY "유년기의 우상이 갖는 막대한 영향력"

실전적용 TIP "좋은 역할 모델을 찾고 만나라"

KEYWORD M "바흐를 만나 오페라를 깨우친 모차르트"

07. 스승: 따뜻한 레이카르트, 치밀한 과르디올라를 만나다 · 152

MESSI STORY "레이카르트와 단계적 성장, 과르디올라와 최대치 성장"

MESSI THEORY "메시를 위한 전술: 반대발 윙어와 가짜 9번"

실전적용 TIP "내 능력이 가장 빛날 수 있는 일을 찾아라"

KEYWORD M "아버지 그 이상, 모차르트의 스승 레오폴트"

3 야망과 겸손이 천재를 완성한다

교시

도시가 천재를 낳는다

66

로사리오(Rosario)는 다른 도시와 다르다.

축구에 대한 특별한 열정을 가진 도시다.

도시 인근 지역은 마치 축구 선수를 배출하는 컨베이어 벨트 같다.

로사리오의 목표는 마치 축구 재능을 생산하는 축구 공장이 되는 것처럼 보인다.

99

– 헤라르도 '타타' 마르티노, 전 FC바르셀로나/현 아르헨티나 대표팀 감독

메시는
축구 도시에서 태어났다

"경상도 사람들은 성격이 급하다."

"충청도 사람들은 너무 여유롭다."

"서울 사람들은 깍쟁이다."

살면서 우리는 흔히 출생지를 두고 사람의 성격을 설명하곤 합니다. 국적에도 외모와 더불어 성격에 대한 선입견이 존재합니다. 이탈리아 남자들은 바람둥이라거나, 독일 사람들은 딱딱하고, 중국 사람들은 목소리가 크고 시끄럽다는 구체적인 이미지를 많은 한국 사람들이 공유하고 있습니다. 네덜란드 사람들의 개인주의 성향을 통해 만들어진 '더치페이(Dutch Pay)'라는 단어는 한국뿐 아니라 만국 공통어로 쓰일 정도입니다. 물론, 개개인은 서로 다른 성격을 갖고 있습니다. 출신 지역만 가지고 사람의 성격을 판단하는 것은 '성급한 일반화'의 오류를 범할 가능성이 매우 높다고 할 수 있습니다. 실제로 해당 지역 사람들이 환경 및 문화적 특성으로 인해 우리가 갖는 선입견에 준하는 특성을 보인다고 하더라도, 어디에나 예외는 있는 법이죠.

하지만, 출생지와 성장한 지역이 성격 형성에 영향을 미친다는 게 전혀 틀린 이야기는 아닙니다. 독일에서 태어난 미국인 정신분석학자 에릭 에릭슨(Erik Homburger Erikson)은 인간의 성격이 개인의 욕구와 사회문화적 요인의 상호작용으로 발달한다고 말했습니다. 전적으로 그가 태어난 장소에 의해 같은 성격을 지니게 되는 것은 아니지만, 지역적 특성과 개인의 상황이 서로 영향을 주고받으면서 한 개인의 기질이 형성된다는 것은 논리적인 이야기입니다. 나고 자란 곳이 그 사람의 운명을 결정한다는 이야기는 수많은 천재들의 '신화' 속에도 오롯이 녹아 있습니다. 이 책에서 우리가 소개할 축구계의 '천재' 리오넬 메시(Lionel Andres Messi)도 예외는 아닙니다.

많은 사람들이 메시의 성공 비결로 FC바르셀로나(Futbol Club Barcelona, 이하 바르사) 유소년 팀에 입단해 '라 마시아(La Masia, 농장이라는 뜻의 스페인어로 바르사 축구팀의 유소년 팀 숙소의 별칭이다. 바르사 유소년 시스템을 대표하는 말로 쓰인다)'의 시스템에 따라 육성된 것에 주목합니다. 하지만, 그보다 더 중요한 것은 바르사가 그의 재능에 주목하게 된 시점의 기량입니다. 메시는 기자와 가진 인터뷰에서 "제가 가진 기술은 이미 바르셀로나에 오기 전에 완성되어 있었습니다"라고 말했습니다. 그렇다면 우리는 메시의 천재성에 대한 비밀을 알기 위해 그가 스페인 바르셀로나로 이주하기 이전의 역사를 살펴봐야 합니다. 메시는 어떻게 자신만의 기술을 그토록 어린 나이에 구축할 수 있었을까요? 메시는 1987년 6월 24일 남미 대륙의 아르헨티나 로사리오에서 태어났습니다. 전설의 시작은 바로 이 '도시'에서부터입니다. 그의 이야기 속으로 함께 따라가 보시죠!

"고향 로사리오는 축구 선수의 컨베이어 벨트였다"

축구의 인기는 세계적이다. '월드컵'이라는 대회는 사실 다양한 스포츠 종목에서 세계 챔피언을 가리는 대회의 명칭이다. 축구에만 있는 대회가 아니다. 그러나 대부분의 사람들에게 월드컵은 축구 대회로 인식되고 있을 정도다. 월드컵이 단일 종목으로 올림픽 이상의 인기를 끌고 있는 것은 널리 알려진 사실이다. 전 세계 어디에나 축구가 존재하고, 열성적인 팬층이 존재한다.

물론, 정도의 차이는 분명하다. 우리가 살고 있는 대한민국의 경우 국가 대표팀과 월드컵, 올림픽 등 국제 대회에 나서는 '내 나라'의 경기에는 관심이 많지만, 평소에 열리는 리그에 대해서는 대중적인 관심이 부족한 상황이다. 축구 전반에 관심이 높은 나라들, 더불어 특출한 성과를 내는 나라들이 있다. 이런 점을 종합했을 때 일반적으로 유럽과 남미를 '축구의 대륙'이라 부른다. 유럽의 수많은 나라가 축구로 각축을 벌이지만, 남미 대륙에서는 브라질과 아르헨티나가 대표적인 양대산맥이다.

1930년에 시작된 세계 축구 대회 FIFA국제축구연맹 월드컵World Cup 은 한 세기에 달하는 역사 속에 총 20회의 대회가 열렸다. 총 8개국이 우승의 영광을 맛봤다. 8개국은 모두 유럽과 남미 대륙 국가로 구성되어 있다. 독일, 이탈리아, 프랑스, 잉글랜드, 스페인이 총 11회, 브라질,

아르헨티나, 우루과이가 9회 우승을 나눠 가졌다. 남미에서는 브라질이 5회, 아르헨티나와 우루과이가 각각 2회 우승을 이뤘다. 결승 진출 횟수로 보면 아르헨티나는 총 5회로 최다 진출국은 독일8회과 브라질 7회의 뒤를 잇는다.

아르헨티나는 남미 대륙 최고의 팀을 가리는 코파아메리카Copa America 대회에서 우루과이15회 다음으로 많은 우승을 차지한 국가14회 이기도 하다. 브라질8회보다 우승 횟수가 많다. 결승에 진출한 경험은 가장 많다. 총 12회 준우승으로 도합 26회의 결승전에 나섰다. 최다 우승국인 우루과이는 총 21회 결승에 진출했기에 꾸준함에 있어서는 아르헨티나에 미치지 못한다.

올림픽 축구에서 아르헨티나는 총 2회 금메달, 2회 은메달로 역대 메달 획득 4위이며, 세계 축구 인재 배출의 요람으로 불리는 FIFA U-20 월드컵에서는 총 19번 열린 대회에서 6회 우승으로 최다 우승 기록을 보유하고 있다. 전 연령대에 걸친 국제 대회에서의 강세는 아르헨티나를 '축구의 나라'로 부르기에 충분한 수치다.

흔히 브라질을 세계 최고의 축구 선수 수출국으로 알고 있지만, 유로아메리카스 스포츠 마케팅ESM에서 지난 2009/2010시즌의 통계 자료를 조사한 결과 아르헨티나 선수들의 해외 진출 선수 숫자가 브라질을 제쳤다. 유럽 지역에서는 외국인 선수 등록 제한이 줄어들면서 2004년부터 2009년 사이 등록 선수 가운데 아르헨티나 출신 선수의 비중이 80퍼센트 이상 증가했다. 2009년 한 해 1,440명의 브라질 선수가 브라질을 떠나 프로 리그에 등록했고, 아르헨티나는 1,800명이 넘는 선수가 해외 무대를 누볐다. 해외 진출을 시도하는 아르헨티나 선수의 연령대도 15~16세로 크게 낮아졌다. 아르헨티나의 재능 있는 어린 선수들이 세계 축구의 중심에서 큰 인기를 끌고 있는 것이다. 이는 아르헨티나 축구 클럽의 자금력 악화라는 경제적 요인에도 기인하지만, 아르헨티나 선수들의 전반적인 높은 수준이 인정을 받았기에 달성이 가능한 수치이기도 하다.

아르헨티나는 꽤 큰 나라다. 면적이 2,780,400제곱킬로미터로 남미에서 두 번째, 세계에서 여덟 번째로 크다. 인구도 4억 3천만 명이 넘는다. 세계 32위다. 인구가 많은 것은 확률적으로 많은 인재를 배출할 수 있는 기반이 된다. 아르헨티나와 더불어 브라질 역시 인구 대국이다. 그러나 단순히 인구수가 많은 것이 좋은 기반이 된다면 중국이나 인도에서 능력 있는 선수가 더 많이 나와야 한다. 수많은 인적 자원을 어떻게 발굴하고, 세공하느냐가 관건이다. 아르헨티나가 축구의 인기가 높고, 축구 경기 성적에 큰 의미를 두고 발전해온 나라라는 문화적 배경은 쉽게 어림짐작할 수 있는 부분이다. 더 구체적인 이야기가 필요하다.

꾸준히 축구 천재를 배출해온 아르헨티나에서 유독 눈에 띄는 지역이 있다. 바로 메시의 고향, 로사리오Rosario다. 로사리오는 축구를 떠나 아르헨티나 역사에서 중요한 의미를 갖는 도시다. 아르헨티나에서 수도 부에노스아이레스 못지않게 많은 관광객을 불러모으는 이곳은 아르헨티나 국기의 고향이다.

마누엘 벨그라노Manuel Belgrano 장군이 로사리오에서 당시 처음 제작된 아르헨티나 국기를 1812년 게양했다. 기념비적인 장소에 국기 기념관과 거대한 국기 기념비가 자리 잡고 있다. 수많은 아르헨티나 국기가 나부끼는 이곳은 밤이 되면 하늘빛 조명과 더불어 장관을 연출한다. 벨그라노 장군은 스페인의 통치를 받던 아르헨티나의 독립전쟁을 이끈 인물로 하늘과 땅을 의미하는 하늘색과 하얀색, 그리고 중앙에 32개의 황금빛을 발하는 인간 얼굴 모습을 한 태양을 디자인했다. 1816년 7월 20일에 공식적으로 아르헨티나 국기로 제정되었으며, 벨그라노 장군이 서거한 6월 20일을 아르헨티나는 '국기의 날'로 지정해 잊지 않고 있다.

마치 신전과도 같은 국기 기념비로 상징되는 로사리오는 유서 깊은 도시다. 혁명가 체 게바라의 고향이기도 한 로사리오에서 아르헨티나를 이끌어가는 축구의 신들이 대거 배출되었다. 2014 브라질월드컵에서 준우승을 차지한 아르헨티나 대표팀의 23명 선수 명단을 살펴보면 넓디넓은 아르헨티나에서 유독 로사리오 지역이 많은 스타를 배출한 사실을 알 수 있다.

에세키엘 가라이Ezequiel Garay, 앙헬 디마리아Angel di Maria, 리오넬 메시, 막시 로드리게스Maxi Rodriguez, 에세키엘 라베시Ezequiel Lavezzi, 로사리오 광역권에 포함되어 있는 비야 고베르나도르 갈베스 출신, **하비에르 마스체라노**Javier Mascherano, 로사리오에서 남쪽으로 23킬로미터가량 떨어진 산로렌소 출신 등 여섯 명의 선수가 로사리오 태생이다. 남미 예선전 참가 선수를 포함하면 숫자는 더 늘어난다. 에베르 바네가Ever Banega, 이그나시오 스코코Ignacio Scoco도 로사리오가 배출한 아르헨티나의 축구 스타다. 이들 중 디마리아와 메시, 바레시, 바네가, 막시 등은 세계 축구계 전체에서도 탁월한 기술력과 창조성을 인정받은 선수들이다. 마스체라노와 가라이 등 유럽 최고 무대에서 인정받은 수비수들도 있다. 로사리오 외에 다수의 선수를 배출한 지역은 수도 부에노스아이레스4명뿐이다. 그 외 선수들은 각기 다른 지역에서 모였다. 역대 아르헨티나 축구 최고의 스타 중 하나로 꼽히는 마리오 켐페스Mario Kempes와 아벨 발보Abel Balbo, 로베르토 센시니Roberto Sensini, 마우리시오 포체티노Mauricio Pochettino 등 로사리오는 지속적으로 아르헨티나 대표팀의 중심을 이룬 선수들을 배출해왔다. 아르헨티나 출신으로 최고의 축구전술가로 불리는 마르셀로 비엘사Marcelo Bielsa 감독도 로사리오에서 태어났다.

그렇다면 로사리오가 세계 최고의 선수를 배출해온 비결은 무엇일까?

2013/2014시즌 FC바르셀로나 감독으로 재직하면서 메시를 지도했고, 2014년 월드컵 종료 후 아르헨티나 대표팀 지휘봉을 잡은 헤라르도 '타타' 마르티노Gerardo 'Tata' Martino 감독은 "다른 도시와는 다르다. 축구에 대한 특별한 열정을 가진 도시"라고 로사리오를 설명했다. 그 자신도 로사리오 출신이며, 로사리오 지역을 대표하는 축구 클럽 뉴웰스올드보이스Newell's Old Boys의 감독을 맡았던 지역 토박이다. 마르티노 감독은 "로사리오 지역은 마치 축구 선수를 배출하는 컨베이어 벨트 같다. 축구 재능을 생산하는 축구 공장이 되는 것이 이 도시의 목표인 것 같은 느낌이 들 정도다. 이곳에는 축구 열정이 충만한

어린 선수들이 많다. 로사리오 유소년 아카데미가 그동안 호르헤 발다노Jorge Valdano, 가브리엘 바티스투타Gabriel Batistuta 등 수많은 훌륭한 스타를 배출한 이유다. 메시는 바로 그 케이크 위의 마지막 장식 같은 절정의 존재다"라고 설명했다.

메시의 전기를 집필한 스페인 축구 전문가 기옘 발라게Guillem Balague는 "로사리오에서 축구는 삶이다. 삶이 곧 축구다"라고 썼다. 아르헨티나 축구의 전설 호르헤 발다노도 "로사리오는 축구에 압도적으로 연관된 곳이다. 큰 축구 경기장이 많은 지역이다"라고 소개한 바 있다. 로사리오 지역의 축구는 로사리오센트랄Rosario Central과 뉴웰스올드보이스의 라이벌 경기로 대표된다.

그러나 그 두 팀 외에도 수많은 팀이 존재한다. 5~6개의 지역 리그가 운영되며, 온종일 도시 이곳저곳에 위치한 경기장에서 작은 리그 경기가 열릴 정도로 축구 열기가 높은 도시다. 시내 두 블록에 한 곳씩 축구 경기장이 있을 정도로 쉽게 축구를 접할 수 있다. 로사리오에는 축구 행정인, 트레이너, 심판, 감독 등 선수뿐 아니라 축구와 관련된 모든 직업군에 도전하는 시민이 많고, 이는 남녀를 가리지 않는다. 누구나 어린 시절 쉽게 축구를 접하고, 직접 해본 경험이 있으며, 응원하는 팀을 하나쯤 가지고 있다.

메시와 더불어 아르헨티나 역사상 최고의 축구 영웅으로 불리는 디에고 마라도나Diego Maradona도 로사리오와 인연이 있다. 마라도나를 신으로 모시는 종교의 성당, 일명 '마라도나 성당'도 로사리오에 있다. 마라도나의 생일인 10월 30일마다 이 성당에서 종교 행사가 열린다. 마라도나도 1993년에 짧은 기간이지만 뉴웰스에서 선수 생활을 한 적이 있다. 흥미로운 사실은 메시도 유년기에 유니폼을 입고서 마라도나의 뉴웰스 데뷔전을 현장에서 관전한 경험을 가지고 있다는 것이다.

로사리오에 산다면 축구를 사랑하며 자라는 것이 당연한 일이 된다. 로사리오에서는 축구가 일상이며, 축구가 지역 사회에 특별한 의미를 지닌다. 그렇다면 일찌감치 축구에 대한 상식과 기술, 목표의식이 자연스럽게 형성될 수밖에 없다. 축구를 잘하는 것이 이 지역에서는 칭찬받는 덕목으로 여겨지기 때문이다.

메시의 집에서 200여 미터가량 떨어진 곳에 거칠기는 하지만 잔디가 있어서 축구를 할 수 있는 공터가 있었다. 메시의 형제와 사촌, 동네 친구들이 거리에서 하는 놀이는 거의 대부분 축구였다. 메시가 처음 유소년 축구 지도자의 눈에 띈 그란돌리Grandoli 축구 클럽도 할머니의 손을 잡고 찾아갈 수 있을 정도로 멀지 않은 곳에 있었다. 집에서 15블록밖에 떨어지지 않은 위치에 있던 경기장은 걸어서 가기 충분했다. 쉽게 닿을 수 있는 곳에 축구 선수가 되기 위한 '시설'이 준비되어 있었다.

또 한 가지 중요한 사실은 메시가 태어난 1987년이 아르헨티나가 통산 두 번째 월드컵 우승을 달성한 1986 멕시코월드컵 개최 1년 뒤로 축구에 대한 인기와 열기가 어느 때보다 뜨겁던 시기라는 점이다. 1978 아르헨티나월드컵 개최로 사상 첫 우승을 이룬 아르헨티나는 당시를 기점으로 축구 인프라와 축구 선수로 성공하고자 하는 열망이 증폭되고 있었다. 1982년 포클랜드 전쟁에서의 패배와 1983년 12월 민주화가 이루어지면서 격동의 시대를 맞이하고 있었다.

한국 역시 2002 한일월드컵에 유년기를 맞은 아이들이 축구에 대한 높은 관심과 월드컵 개최로 구축된 축구 인프라를 바탕으로 기술적인 발전을 이뤘다. 월드컵을 개최한 이후 많은 나라들이 축구 발전을 이룬 것은 우연이 아니다. 축구의 불모지로 불린 미국도 1994 미국 월드컵에서 첫 16강 진출을 이룬 이후 꾸준히 월드컵 무대에 모습을 드러내며 8강 진출의 성과를 냈고, 여전히 발전 중이다.

다시 메시와 로사리오의 이야기로 돌아가 보자. 메시의 가족은 이탈리아 이민자 출신이다. 메시의 부친 호르헤는 어린 시절에는 축구 선수였으나 프로로 성공하지 못해 공장 노동자로 일하며 가족을 부양했다. 로사리오 도심에서 50킬로미터나 떨어진 비야 콘스티투시온 지역에 위치한 철강회사 아신다르Acindar의 공장에서 일했다. 메시는 "스파게티, 라비올리, 초리소 등 이탈리아 음식을 먹었다. 내가 가장 좋아한 음식은 밀라노식 고기였다"며 유년기를 떠올렸다.

마라도나의 경우 부에노스아이레스에 위치한 슬럼가 태생으로 헝그리 정신의 성공 사례 표본으로 꼽힌다. 브라질에서도 많은 아이들이 가난을 이기기 위해 축구에 모든 것을 쏟았다. 그러나 근래에는 가난과 궁핍이 최고의 자리에 오르기 위한 자양분이 되기 어렵다. 마라도나 세대 이후에 태어난 아르헨티나의 재능 있는 선수들은 비록 부유한 가정에서 자란 것은 아니지만, 극빈층에서는 벗어나 어느 정도 경제적인 기반을 영유하는 가정에서 자랐다. 축구는 더 이상 빈자의 탈

출구가 아니다. 철저한 계획 아래, 충분한 지원 속에 최고의 선수가 탄생한다.

　로사리오는 아르헨티나에서 세 번째로 큰 도시다. 북동부에 위치한 로사리오는 수도 부에노스아이레스의 위쪽에 자리 잡고 있다. 파라나 강을 끼고 있기에 선박을 통한 무역업이 성행했다. 파라나 강은 대서양으로 연결된다. 그 덕분에 수심 9.75미터의 항구가 자리 잡고 있어 해상 수출입의 중계지 역할을 했다. 이로 인해 로사리오에는 주요 철도역이 건설되어 전국 이곳저곳과 교류가 활발하게 이루어질 수 있었다. 19세기 초까지 도시의 모습을 갖추지 못했던 로사리오는 지리적 조건으로 인해 19세기 중반부터 산업화가 급속히 진행되었다.

　19세기 초까지 스페인의 지배를 받다가 독립한 아르헨티나로사리오는 아르헨티나의 독립 전쟁 당시 처음으로 아르헨티나 국가가 고안되어 게양된 곳으로 국가의 요람이라는 별명을 가지고 있다는 19세기 후반 유럽에서 건너온 대규모 유럽 이민자들이 합류하면서 급격히 인구가 늘었다. 메시의 모친 셀리아의 성姓 쿠치티니Cuccittini, 아내 안토네야의 성 로쿠조Roccuzzo, 가장 친한 동네 친구 루카스의 성 스카글리아Scaglia 등은 이탈리아 이민자의 성이다. 이탈리아 마르체 안코나, 레카나티 등의 지역에서 많은 이들이 로사리오로 이민했다. 로사리오를 구성하는 인구 중 상당수가 이탈리아와 스페인의 이민자였다.

　산업화와 대규모 이주민은 축구 명문 클럽을 유치한 도시들의 특징과 일맥상통한다. 축구 경기를 경제학적으로 분석한 책『사커노믹스Soccernomics』는 유럽 축구의 세력 균형을 관통하는 키워드로 전체

주의, 공장도시로 과거를 정리했고 메트로폴리스로 미래를 전망했다. 아르헨티나는 군사 독재를 경험하며 축구에 대한 정치적 지원이 있었고, 로사리오는 그중에서도 산업 도시로 수많은 노동자가 정착한 곳이다. 축구를 통해 공동체 의식 함양 및 역사적 기반이 취약한 시민들에게 도시에 대한 자부심을 고양시킬 수 있는 효과를 봤다. 메시의 가족 모두가 지역 축구 클럽 뉴웰스의 팬이 된 것도 결코 우연이 아니다.

로사리오의 축구 열기는 『기네스북Guinness Book』에 등재될 정도로 공인을 받았다. 1971년 12월 19일 아르헨티나 내셔널챔피언십 준결승전은 로사리오를 연고로 하는 로사리오센트랄과 뉴웰스올드보이스의 경기로 펼쳐졌다. 당시 경기는 수도 부에노스아이레스에서 열렸는데, 두 팀의 더비전이 모누멘탈Monumental 경기장에서 열린 것은 그때가 처음이었다. 그야말로 살얼음판과 같은 승부는 센트랄 공격수 알도 포이의 다이빙 헤딩골로 승부가 결정됐다. 이때 포이가 넣은 헤딩골은 '팔로미타 데 포이Palomita de Poy'라 불리며 로사리오 축구 역사에 남았다. 센트랄은 이 골로 결승에 오른 뒤 창단 이후 처음으로 아르헨티나 챔피언에 등극했다. 결승전보다 이 준결승전의 승리가 여전히 회자될 정도로 극적이었다.

포이의 골은 1995년 『기네스북』에 가장 많은 인원의 사람이 열광한 골로 등록되었다. 축구에 열광하는 수많은 도시가 전 세계 도처에 존재하지만, 『기네스북』에 오를 정도의 폭발력을 가진 열기가 로사리오에 있었다. 메시는 도시 로사리오에 충만한 축구 열정을 온몸에 담고 태어났다.

:

"환경이 뇌를 지배한다"

재능을 결정하는 요소는 선천적으로 이어받은 유전자와 후천적 계발을 통한 능력 계발에 있다. 후천적 능력 계발에 있어서 가장 중요한 것은 유아기에 자란 지역의 환경이다. 말수가 많지 않은 편인 메시는 한 인터뷰에서 "내가 가장 좋아하는 기억은 내 고향, 이웃 그리고 내가 태어난 곳이다"라며 출생지에 대한 애착을 드러냈다. 메시가 자란 환경이 그의 인생을 지배했다.

피츠버그대학교와 카네기멜론대학교의 연구진은 지능지수IQ, intelligence Quotient에 대한 연구에서 유전자가 IQ에 미치는 영향력이 48퍼센트에 불과하다고 발표했다. 이 연구에 대한 의견은 분분하지만, 대체적으로 유전적으로 이어받는 부분과 후천적으로 계발되는 부분이 5 대 5 정도로 동일한 정도의 영향을 미친다는 것이 정설이다. 즉, 태내와 유아기에 좋은 교육 환경을 제공할수록 IQ가 높아진다는 이야기다.

게다가 현대 사회에서는 지능 지수만으로 성공을 담보할 수 없다. 감성지수EQ, Emotional Quotient 역시 유아기의 환경이 미치는 영향이 지대하다. 『유아교육과 뇌』를 쓴 일본의 뇌과학자 사와구치 도시유키는 IQ, EQ와 더불어 PQ의 중요성을 강조하고 있다. PQ는 인간의 운동, 감각 및 연합기능을 담당하는 대뇌피질 가운데 전전두지수

Prefrontal Quotient를 뜻한다.

최근에 발표된 뇌과학 연구에 따르면 전전두 영역에서 인격, 태도, 고도의 지적 기능으로 학습, 추리, 문제해결, 판단 및 행복감, 기억에 관련한 중요한 역할이 두루 이루어진다고 한다. 지능지수인 IQ 못지않게 중요한 것이 PQ다. IQ가 단순히 '공부 능력'에 영향을 미치는 지능만을 측정한다면 PQ는 뇌가 가진 능력을 의미하기에 그 범위가 매우 넓다. 운동 신경이 좋다는 말도 사실은 뇌의 능력이 영향을 끼치는 운동 능력에서 오는 차이다. '지성'이라는 단어를 단순히 공부의 측면에서만 해석하기에 '천재'에 대한 정의도 일반적으로는 그만큼 좁게 전달되고 있다.

심리학자 하워드 가드너Howard Gardner는 1983년, 다중지성론을 주장하며 인간의 지성이 다수의 병렬된 지성으로 구성되어 있다고 설명했다. 가드너의 주장은 최근 인지 뇌과학의 연구를 통해 검증되었다. 최근 학계가 설명하는 인류의 지성은 크게 ① 언어적 지성 ② 회화적 지성 ③ 공간적 지성 ④ 논리수학적 지성 ⑤ 음악적 지성 ⑥ 신체운동적 지성 ⑦ 사회적 지성 ⑧ 감각적 지성으로 분류된다. 언어, 미술, 건축, 과학, 음악, 스포츠, 정치 등 다양한 분야에 걸쳐 '천재성'이 돋보이는 인물이 등장하는 것은 이 8가지 지성이 유아기에 고도로 발달했기 때문이다. 이들은 성장 후 다른 이들이 노력으로 따라잡기 어려울 정도의 탁월함을 보이게 된다. 특히 이 8가지 지성은 유아기의 노력에 따라 한 가지뿐만이 아닌 여러 가지 지성을 동시에 익히고 발달시킬 수 있다는 점에서, 여러 지성의 융합 과정 속에 범접하기 어려운 천재성이 발현될 수 있다.

사와구치는 "PQ는 IQ와 마찬가지로 유전되지만 가소성plasticity을 가지고 있어서 환경에 의해 변화한다. PQ 구조의 가소성 변화가 8세 이전의 유아기에서 가장 두드러진다. 다시 말해서 전 생애에 걸쳐서 유지되는 PQ의 구조와 작용의 기초가 유아기에 형성되는 것이다"라며 유아기의 성장 환경이 인간의 PQ 발달에 매우 중요한 역할을 한다고 설명하고 있다.

학계에서는 보통 생후 4주까지를 신생아, 생후 4주~12개월을 영아기, 1세~6세까지를 유아기, 7세~12세까지를 아동기, 13~17세까지를 청년기로 구분하고 있다. PQ 발달을 위해 중요한 시기는 생후부터 8세까지다. 이 기간에 어떤 환경에서 자라고, 교육을 받았는지가 평생에 걸쳐 영향을 미친다.

조기 교육의 중요성은 과학적으로 입증된 일이다. 그러나 인위적인 노력만으로 지성 발달을 위한 최적의 환경을 만들기는 어렵다. 유아기의 아이들은 책상 위에서 '학습'하지 않고 환경 속에서 '체득'한다. 도시의 구조와 분위기, 경향성이 자기도 모르는 사이 나의 개성에 영향을 미친다. 그렇기 때문에 축구 열기가 뜨거운 도시에서 축구 신동이, 음악과 미술에 대해 유서 깊은 도시에서 예술 신동이, 도서관이 많고 면학 분위기가 안정된 곳에서 공부 신동이 배출되는 것은 지극히 자연스러운 일이다.

메시는 집 200여 미터 앞 잔디밭 공터와 걸어서 도달할 수 있는 학교 운동장, 동네 축구장과 유소년 축구학교 등지에서 일주일 내내 축구에만 빠져 살았다. 메시의 집은 로사리오 도심에서 남동쪽으로 4킬로미터 정도 떨어진 라 바하다La Bajada 지역에 있었다. 카예 라바예야Calle Lavalleja라는 지명이 붙은 메시의 동네는 노동자 계급의 거주 지역으로 거리에 차량이 많지 않은 조용한 시골 마을이었다. 거리에는 늘 뛰노는 아이들이 즐비했다. 그래서 축구공 하나만 있으면 언제 어디서든 축구를 할 수 있었다. 주변에 친척들이 모여 살았고, 동네에도 또래 아이들이 모두 축구를 좋아했기 때문에 함께 공을 찰 '파트너'를 찾는 일도 어렵지 않았다. 이른 아침 시간부터 밤늦게까지 공을 찰 수 있는 시간과 공간, 친구들이 있었다. 어머니들도 축구 팬이었기 때문에, 공부를 하라고 소리치며 축구를 못하게 막는 가정도 드물었다. 가르쳐주지 않아도 스스로 공을 차면서 기술을 발전시킬 수 있는 환경이 마련되어 있었던 것이다. 더불어 누가 억지로 시켜서 한 '축구'가 아니었기 때문에 축구에 대한 몰입도와 즐거움이 더 높았다. 가기 싫다는 축구 교실과 체육 수업에 억지로 떠민 것이 아니었다. 메시는 어떠한 심리적, 물리적 저항도 받지 않고 축구에 몰입할 수 있는 환경 속에서 자라났다.

축구와 함께 자라면서 메시는 자연 환경과 친해질 수밖에 없었다. 잔디와 흙먼지 속에서 메시는 정신적으로 더 건강하게 자랄 수 있었다. 어린아이들은 흙에 물을 부어 이기고 만지는 장난을 좋아하는데, 이는 인간이 갖는 유전자 기억 때문이다. 태내의 미끈거리는 감촉을 기분 좋은 것으로 기억하고 있기에 진흙이 주는 미끈한 감촉을 선호하게 되는 것이다.

생식세포부터 수정, 착상의 과정에 이르기까지 미끈거림은 인류의 탄생 과정에 녹아 있는 근원의 기억이다. 그에 대한 향수로 아이들이 흙장난을 좋아하는 이유가 설명된다. 더불어 미끈거림으로 인해 쾌감 신경이 자극받고, 뇌 활동이 활발해지면 뇌를 단련시키는 효과로 이어진다.

흙을 밟고 걷고 만져보는 모든 과정이 뇌를 환기시키며, 이는 어린 시절 잔디 혹은 흙으로 된 운동장에서 축구를 즐기는 아이들 모두에게 뇌 단련의 효과를 가져다 준다. 여기에 축구 경기를 하는 잔디밭의 풀 내음이 숲과 피톤치드fitontsid를 통해 얻을 수 있는 심신 활성화 및 스트레스 해소 효과를 대체해준다.

잔디밭에서 신나게 뛰는 경험은 아이들의 뇌를 활성화하는 데 도움을 준다. 식물의 정유 속에 있는 피넨pinen은 자율신경계에 진정 작용을 해 아이들을 정신적으로 편안한 상태로 만들어주기도 한다. 어린 시절에 축구를 하는 경험은 요즘 아이들이 겪는 ADHD 등의 정서 불안 및 스마트폰 중독, 시력 저하 등의 문제에서도 자유롭게 해준다.

·
·
·

실전 적용 TIP
"축구장이 많은 도시에서 키워라"

축구를 생활화하기 위한 개인의 노력에는 한계가 있다. 당장 다이어트를 위해 헬스를 등록하거나 요가, 수영, 테니스 등의 강습에 다니더라도 집과의 거리가 어느 정도 가까운가에 따라 출석 빈도는 상당히 달라진다. 마찬가지로 메시와 같은 축구 천재가 되기 위해서는 먼저 집에서 걸어갈 수 있는 거리에 자유롭게 축구를 할 수 있는 환경이 갖춰져 있어야 한다.

최근 한국 사회도 생활 체육에 대한 관심이 높아지면서 동네마다 시민들이 이용할 수 있는 대규모 공원이 조성되고 있다. 이 공원에는 테니스장, 농구장, 축구장 등 구기 종목을 즐길 수 있는 시설도 생겨나고 있다. 물론 아직까지는 이용을 원하는 이들의 수에 비해 시설이 부족한 게 사실이다. 공원 외에도 최근 건설된 브랜드 아파트의 경우 단지 내에 주민을 위한 풋살장을 구비한 곳이 있으며, 방과 후 저녁시간까지 운동장을 개방하는 초·중·고등학교가 단지 내에 있는 아파트도 적지 않다.

2002 한일월드컵 개최를 통해 생겨난 전국 각지의 축구전용구장포항, 광양 및 종합운동장에는 주경기장 외에도 훈련을 위한 보조 경기장과 시민들이 이용할 수 있는 체육 시설이 건립되어 있다. 월드컵경기장서울 상암, 수원, 인천, 대전, 전주, 광주, 대구, 울산, 부산, 제주 서귀포뿐 아니라 K리그 클래식1부 리그, 챌린지2부 리그, 내셔널리그실업 축구, 챌린저스리그대한축구협회 주관 아마추어 리그 등의 팀이 연고를 맺고 있는 지역은 체육 시설 이용과 더불어 주말마다 국내 최고 수준에 있는 축구 선수들의 경기를 지켜볼 수 있고, 해당 팀들이 운영하는 유소년 축구팀에 들어가 배울 수 있는 기회도 있다.

이 모든 인프라는 사는 곳에서 쉽게 닿을 수 있어야 이용할 수 있다. 앞에서 설명한 모든 조건에 부합하는 곳에 산다면 아이는 언제든지 축구를 쉽게 접할 수 있다. '메시 육성'의 첫 걸음은 유아기에 축구를 하기 위한 최적의 입지조건에 집을 얻는 것이다.

"맹모삼천지교와 모차르트"

중국 맹자의 성공이 남긴 고사성어 '맹모삼천지교(孟母三遷之敎)'는 '도시가 천재를 만든다'는 1교시 주제에 부합하는 이야기다. '맹모삼천지교'의 일화는 전한(前漢) 말의 학자 유향(劉向)이 지은 『열녀전(列女傳)』을 통해 전해졌다. 중국 전국시대의 유교사상가로 최고의 지성으로 이름을 떨친 맹자(孟子)는 이름이 가(軻)로, 공자가 태어난 곡부(曲阜)에서 멀지 않은 산둥성 추현(鄒縣) 출신이다. 어려서 아버지를 여의고 어머니의 손에서 교육을 받고 자랐다. 맹자의 모친은 부친을 잃은 아이를 올바르게 키우기 위해 무진 애를 썼던 인물로 유명하다.

모자가 처음 살던 곳에는 공동묘지가 있었다. 맹자는 매일 같이 장사 지내는 모습을 보면서 곡소리를 따라 하고, 장사 지내는 놀이를 하며 홀로 놀았다. 공동묘지 근처에 사는 아이들도 많지 않아 홀로 지내는 날이 많았다. 이를 보고 맹자의 어머니는 이사를 결정했다. 그렇게 해서 이사한 곳은 시장 근처였다. 맹자는 시장에서 물건을 사고파는 장사꾼들의 모습을 흉내 내며 놀기 시작했다. 맹자의 어머니는 시장 근처도 아이가 학문에 힘쓰는 인물로 성장하기에 마땅치 않다고 생각하고 다시금 이사를 결정했다. 이번에는 글방 근처로 이사를 했다. 글방에 다다르자 맹자가 제사 때 쓰는 기구를 늘어놓고 절하는 법이며 나아가고 물러나는 법 등 예법에 관한 놀이를 하기 시작했다. 맹자의 어머니는 그제야 만족하고 그곳에 정착했다.

음악의 천재로 불리는 볼프강 아마데우스 모차르트의 경우도 여기에 적용된다. 모차르트는 1756년 1월 27일 잘츠부르크에서 태어났다. 잘츠부르크와 그 주변 지역은 약 1만 7천 명의 인구가 거주한 큰 도시였다. 잘츠부르크는 성 루프레히트 대성당 관할의 바로크 교회들이 많은 동화 같은 분위기의 도시였다. 지금도 그렇지만, 수많은 여행객들의 감탄을 자아내는 풍광으로도 유명했다.

신성로마제국의 통치를 받던 잘츠부르크는 대주교들이 지방자치 통치자로 있었다. 대주교는 재정과 교육, 교회와 국가의 관계를 지배한, 현재의 대통령과 같다. 더불어 지역 주민이 즐기는 모든 음악과 연극, 축제를 후원한 것도 이들의 일이었다. 100개가 넘는 교회와 성, 궁전에서 음악을 즐긴 잘츠브루크는 교회와 도시를 위한 음악기관이 전문적으로 설립된 도시였다. 더불어 모차르트가 태어난 해는 '7년 전쟁'이 종식되면서 사회적 지배계급과 피지배계급의 권력 구조가 무너지기 시작한 때였다. 지방 도시이긴 했으나 선진 유럽 도시였던 잘츠부르크는 1764년에 대주교 지기스문트 폰 슈라텐바흐의 지시로 관 내 모든 피지배자들의 삶을 변화시킬 개혁을 단행했다. 공공 진료 기관에 거금을 기부했고, 사법 제도 개혁, 시민 결혼 실시, 보헤미아의 농노제 철폐, 종교적 관용의 장려 등 많은 면에서 열린 사회가 되었다. 민주주의에 이른 것은 아니지만 귀족이 아닌 이들에게 혜택을 주었고, 새롭게 귀족이 될 수 있는 문도 열어주었다. 당시 악사들은 궁정에 속한 하인의 위치에 있었기 때문에, 이러한 사회 분위기는 모차르트가 음악적 재능을 통해 능력을 인정받을 수 있는 계기를 마련해주었다.

영국 음악가 로빈스 랜던의 기록에 따르면 모차르트의 주 활동 무대 중 한 곳이었던 현 오스트리아의 수도 빈(Wien)은 도시 전체가 음악적 소양이 높은 도시였다고 한다.

"자신의 긍지를 소중히 여기는 빈의 모든 중산층들은 노래를 부를 줄 알았고 피아노나 다른 악기를 연주할 줄 알았는데, 그 수준이 전문가에 가까운 경우가 종종 있었다. 그 점에서 그들은 (모든 대공들과 공녀들이 숙련되고 탁월한 음악인이었던) 합스부르크 왕가의 영향을 받은 것이 분명했다. 모차르트를 궁정 음악가로 고용했던 황제 요제프 2세는 오케스트라용 악보를 읽을 줄 알았고, 그의 동생 레오폴트 2세는 클라브생 오케스트라를 지휘할 역량이 있었다. 최고위층부터 최하위층에 이르기까지 음악은 오스트리아 사회의 살아 있는 힘이었다."

모차르트는 오스트리아에만 머물지 않았다. 대주교에게 고용된 음악가였던 부친을 따라 전 유럽의 음악 도시를 돌며 연주를 했고, 자신의 음악적 천재성을 뽐냈다. 이 과정에서 수많은 음악적 교류를 경험했다. 더불어 여러 언어에도 능통해졌다. 모차르트는 프랑스 파리에 7세 때부터 8세 사이에 머물렀고, 이 기간에 프랑스어를 익혔다. 20대가 되어서는 프랑스어 교습에 나설 정도로 프랑스어를 완벽하게 구사했다. 프랑스 다음으로 방문한 영국 런던에 8세와 9세 사이에 머무르며 영어를 익혔고, 그 뒤 네덜란드에서 7개월 동안 살면서 네덜란드어를 배웠다. 프랑스와 영국에 비해 네덜란드에 체류한 기간은 짧았으나 네덜란드어가 독일어와 비슷한 점이 많아 빠르게 익혔다. 13세에는 1년 4개월 동안 이탈리아를 여행하면서 이탈리아어를 배웠다. 음악용어 상당수가 이탈리아어를 기반으로 하고 있으며, 프랑스어와 유사한 부분이 많아 역시 쉽게 배웠다. 이처럼 모차르트는 이른 나이에 수많은 나라에서 음악과 문화, 언어를 습득하면서 다중지성이 발달했다. 모차르트는 누나 난네를에게 보낸 편지에서 한 문장 안에 5개 언어를 동시에 쓰기도 했다. 이는 이후 다른 이들과 주고받은 편지에서도 쉽게 찾을 수 있는 경향이다.

모차르트의 부친 레오폴트는 모차르트의 천재성이 '몰입하는 능력'에서 드러났으며, 음악뿐 아니라 많은 배움에 대해 깊은 관심을 보였다고 기록하기도 했다.

"그 애는 자기에게 주어지는 읽을 것, 배울 것들에 어찌나 몰두했던지 그 이외의 것들은 음악조차도 옆으로 제쳐두곤 했다. 예를 들어 수를 헤아리는 법을 배우자 그 애는 사방에 분필로 숫자를 적어 넣었다. 탁자, 의자, 벽, 바닥까지도."

좋은 음악을 위해 오직 음악에만 빠지는 것은 오히려 좋지 않을 수 있다. 모차르트의 경우 음악 외적인 배움과 자극이 그의 음악적 천재성에도 영향을 미쳤다.

메시는
축구 가족 안에서 자랐다

아이가 세상에 태어나 가장 먼저 보고 배우는 존재는 부모입니다. 밥을 먹는 습관부터, 말투, 걸음걸이, 웃는 표정과 화난 표정 등 매우 기본적인 부분부터 기호와 재능까지 부모의 영향을 받는 것이 일반적이죠. 이는 부모의 유전자를 이어받았기 때문이기도 하며, 유년기의 사회화 과정에서 가장 많이 본 사람을 자연스럽게 닮게 되기 때문입니다. 내가 어떤 유전자를 물려주느냐가 아이의 인생에 큰 영향을 미치고, 더불어 어떤 모습을 보여주었느냐가 그만큼 막대한 영향을 끼칩니다. 만약 유년기에 부모보다 조부모의 손을 더 많이 탔다면 조부모를 닮게 되는 경우가 더 많습니다.

물론 아이가 모든 면에서 부모만을 닮을 수는 없습니다. 자라는 과정에서 학교를 가면 친구들에게 영향을 받고, 사춘기가 되면 부모보다 집 밖에서 만난 사람들과 보내는 시간이 많아지기 때문이죠. 하지만, 아이의 특질은 집 밖에 나가 친구를 만나기 이전인 유아기에 형성됩니다. 그렇기 때문에 유아기의 사회화 과정이 매우 중요합니다. 아이의 재능은 대개 본인이 유아기에 '스스로' 호기심을 갖고 관심을 보인 분야에서 싹트는 경우가 많습니다. 스포츠는 물론이고 음악, 미술 등 예술 분야의 천재들을 살펴보면 부모의 직업과 관심사가 아이의 재능과 연결되는 사례를 많이 확인할 수 있습니다. 축구 선수 메시의 경우도 그렇습니다. 메시의 가족사에 그가 천재가 될 수 있었던 비결이 있습니다. 메시 패밀리의 이야기 속에 '천재의 비밀'이 숨어 있습니다.

"아빠와 형제, 친척이 모두 축구 선수 출신이다"

메시의 조부는 건축업에 종사했던 에우세비오Eusebio다. 부친 호르헤Jorge는 에우세비오의 영향을 받아 그 자신도 아르헨티나 로사리오에 터전을 잡은 뒤 식당과 거실, 침대 두 개로 구성된 가족의 집을 직접 설계했다. 그러나 호르헤의 진로 선택은 '건축'이 아니었다. 그는 청소년기에 축구 선수를 꿈꿨다. 4년 동안 로사리오 지역 최고의 축구 팀인 뉴웰스올드보이스의 유소년 팀에서 뛰며 프로 선수를 꿈꿨다. 당시 호르헤는 장래가 촉망받는 미드필더였다. 미래에 대비하기 위해 낮에는 축구를 하고 저녁에는 공부를 할 정도로 철두철미했다. 그는 훈련 시간 이후 오후 5시부터 9시까지는 화학 공학자가 되기 위해 공부했다.

호르헤에게 일자리를 준 것은 축구가 아닌 화학이었다. 뉴웰스 2군 팀에서 뛰던 호르헤는 군대에 다녀온 뒤 화학 학위를 취득했다. 만 22세의 청년 호르헤는 1980년 아르헨티나 철강회사 아신다르에 입사해 회사원이 되었다. 입사 첫해에 장남 로드리고Rodrigo를 낳았다. 그의 진로 결정에는 가장이 되어야 했던 운명도 한몫했다. 호르헤의 직장은 로사리오의 도심에서 50킬로미터가량 떨어진 비야 콘스티투시온 지역에 있는 공장이었다. 호르헤는 버스로 통근했다. 가족을 위해 근면하게 일한 호르헤는 매니저로 진급한 뒤 1982년 둘째 아들 마티아스Matias를 낳았다. 메시가 태어난 것은 아르헨티나가 1986 멕시코월드컵에서 우승한 지 1년 뒤인 1987년 6월 24일이었다. 당시 만 29세의 호르헤는 셋째 아들 리오넬을 마주했다. 3.6킬로그램의 체중에 키는 47센티미터였다.

아르헨티나의 경제 위기가 극심한 시기였지만 메시 가족은 단란했다. 메시는 "우리는 대단할 것 없는 평범한 가족이었다. 가난하지는 않았다. 솔직히 별로 바라는 것이 없었다"며 부족함 없이 자랐다고 회고했다. 둘째 아들 마티아스도 "아버지는 노동자셨고, 겸손하셨다. 부모님은 더 나은 삶을 위해 일했고, 우리는 좋은 학교에서 공부할 수 있었다. 더 바랄 것이 없었고 더 원하는 것도 없었다"는 말로 가족이 평화로웠다고 말했다.

풍족하지는 않았지만, 가진 것에 감사할 줄 알았던 메시 가족을 하나로 묶은 것은 축구였다. 메시의 가족 모두 호르헤가 유소년 선수로 뛰었던 뉴웰스의 팬이었다. 메시의 큰형 로드리고는 만 11세에 뉴웰스 유소년 팀에 입단했고, 둘째 형 마티아스도 뒤이어 뉴웰스 유소년 팀 선수가 됐다. 로드리고는 득점력, 스피드, 기술력이 뛰어난 중앙 공격수였다. 교통사고로 인한 불운한 경골 부상으로 도중에 축구를 그만둔 로드리고는 요리사로 진로를 바꿨다. 마티아스는 수비수로 축구를 시작했는데, 1년 만에 뉴웰스 유소년 팀에서 나왔다. 몇 년이 지나 로사리오 지역 리그에 소속된 아틀레티코 엠팔메 센트랄에 입단해 만 27세가 되기까지 선수 생활을 했다.

로사리오에 함께 살았던 메시의 사촌형제 막시Maxi, 에마누엘

Emmanuel, 브루노Bruno 역시 마찬가지로 축구가 삶이었다. 막시는 165센티미터의 단신으로 아르헨티나 명문 클럽 산로렌소에 입단할 정도로 실력을 인정받았다. 이후 파라과이, 멕시코, 브라질 등 중남미 지역 주요 리그에서 공격수로 꾸준히 활동했다. 에마누엘은 뉴웰스 유소년 팀에서 왼쪽 미드필더로 뛰었고, 독일 TSV1860뮌헨TSV 1860 Munchen, 스페인 지로나Girona, 파라과이 올림피아Olimpia 등을 거치며 프로 선수 생활을 했다. 메시보다 어린 1996년생 브루노도 축구 선수의 꿈을 키우며 페르난도 레돈도Fernando Redondo, 레알마드리드와 AC밀란에서 활약했던 창조적인 중앙 미드필더와 산티아고 솔라리Santiago Solari, 레알마드리드에서 활동했던 측면 미드필더 등 스타 선수를 배출한 지역 유소년 팀 레나토세사리니Renato Cesarini에 입단해 프로 선수의 꿈을 꾸고 있다.

이러한 환경 속에서 메시가 축구에 빠져들고, 일찌감치 재능을 싹틔울 수 있었던 것은 매우 자연스러운 일이다. 메시는 늘 축구를 보고, 축구를 하며 축구를 온몸으로 즐기는 부모와 형제, 친척들 사이에서 자랐다. 메시가 원하든 원치 않든 축구는 삶의 일부가 될 수밖에 없는 환경이었다.

호르헤는 자연스럽게 자신의 세 아들에게 축구를 가르쳤다. 실제로 지역 유소년 축구팀의 감독으로 일한 적이 있을 정도로 전문적인 지도 능력을 갖추고 있었다. 아버지의 지도와 또래의 형제 및 친척들과 어울려 아주 어린 나이부터 축구를 접한 메시에게 호기심의 대상은 오직 축구일 수밖에 없었다. 몸집도 크고 경험도 많은 형들 사이에서 축구를 한 메시는 매번 지는 날이 많을 수밖에 없었는데, 그래서 형들보다 더 어린 나이에 더 많은 시간을 축구에 매진하는 동기가 생겼다. 보고 배우고 이기겠다는 마음이 어린 메시의 성장 속도를 더 빠르게 만들었다.

집 앞 공터에서 공을 차던 형들의 모습, TV 화면에서 공을 차는 뉴웰스 선수들의 모습을 보며 스스로 공을 차고 싶다는 동기를 마음에 품은 메시는 '모태 축구인'이었다. 세계 최고의 선수는 아니었지만, 프로 선수의 문턱까지 갔던 아버지의 유전자와 축구 열정, 그리고 지도법을 그대로 흡수한 메시는 선천적 유전자와 후천적 환경의 결합 속에 축구의 화신이 될 수밖에 없었다.

부친 호르헤와 형제들의 영향도 컸지만, 정신적으로 메시에게 가장 큰 지지자가 되어준 사람은 외할머니 셀리아_{모친과 이름이 같았다}였다. 메시는 스페인 스포츠 신문 「문도 데포르티보」와의 인터뷰에서 할머니에 대한 기억을 꺼낸 적이 있다.

"할머니는 매우 좋은 분이셨다. 우리 손자들과 함께 사셨다. 할머니는 변덕스러운 우리를 다 받아주셨다. 사촌들과 난 늘 할머니 집에서 자겠다고 싸우곤 했다. 그녀가 축구를 이해하셨는지는 모르지만 우리가 축구를 할 수 있게 해준 분이다. 할머니는 훈련장과 경기장에서 나를 응원해준 첫 번째 팬이셨다. 할머니의 응원이 항상 함께였다."

메시의 할머니는 본래 열성적인 축구광은 아니었다. 그러나 가족 모두가 축구에 빠져 살다 보니 어느 정도 소양은 있었다. 메시의 부친과 모친이 모두 일을 했기 때문에 자연스럽게 메시는 할머니 손에서 자랐다. 메시를 학교에서 데려와 간식을 먹이고, 축구 훈련장에 데려

다주는 일은 모두 할머니의 몫이었다. 메시를 뛰게 해보라며 처음 그 란돌리 팀에 입단할 수 있게 이끈 것도 할머니였다. 메시가 유소년 팀에서 뛰는 모습을 보며 "메시에게 패스하라!"고 외친 적극적인 응원도 할머니의 역할이었다. 할머니가 어찌나 메시의 경기에 몰입했던지 앨리스 유소년 팀과의 경기에서 상대편 학부모와 언쟁을 벌이기도 했고, 앨리스 서포터가 메시의 할머니를 향해 물병을 던진 일도 있었다.

그러나 메시의 할머니는 오래 살지 못했다. 알츠하이머를 앓기 시작하면서 메시와 오랜 시간 함께하지 못했다. 토니 프리에로스Toni Frieros 기자가 쓴 메시 전기 『바르사의 보물El Tesoro del Barca』에 따르면 메시의 할머니 셀리아는 점점 기억을 잃어갔다. 사람들과 말하기도 어려워졌다. 그녀는 죽기 직전 마지막 달에 크게 병세가 악화되었고, 회복 불능 상태가 됐다. 어린 메시는 자신의 일부를 잃는 것 같은 아픔을 느꼈다.

1998년 5월 4일, 셀리아가 운명했다. 메시가 열한 번째 생일을 맞기 한 달여 전이었다. 셀리아는 메시가 바르사에서 뛰는 모습도, 최고의 자리에 오르는 것도 보지 못했다. 메시의 숙모 마르셀라는 "모두에게 큰 상실이었다. 우리 모두 예외 없이 큰 아픔을 느꼈다. 그날의 감정이 아직 생생하다. 메시는 관을 붙잡고 엉엉 울었다"고 회고했다. 메시 자신도 "끔찍한 타격이었다"고 당시 상황을 고백한 적이 있다. 그날 이후로 메시는 모든 득점을 하늘에 계신 할머니에게 바쳤다. 메시는 크리스천이었으나 독실한 편은 아니었다. 득점 후 하늘을 향해 손짓을 하는 것은 신이 아닌 할머니를 위한 세리머니다.

메시는 2008/2009시즌 트레블을 달성한 뒤에도 할머니를 잊지 않고 "할머니에 대해 늘 생각한다. 내 골을 할머니에게 바친다. 할머니가 지금 이 순간 함께하셨다면 좋았을 텐데, 우승을 하기 전에 떠나셨다. 지금 날 가장 화나게 하는 일이다"라고 인터뷰했다. 메시가 하늘을 향해 세리머니하지 않은 유일한 골은 아들 티아고가 태어났을 때다. 그때는 엄지손가락을 입에 물었다. 티아고의 동생 출산을 위한 세리머니도 있었다. 하지만 여전히 대부분의 골을 넣은 뒤에는 할머니를 기리는 세리머니를 하고 있다.

:

"호기심이 유전자를 진화시킨다"

태어나면서 부모에게 받은 유전자가 내 능력을 규정한다면 슬픈 일이다. 그러나 이는 태어난 이후의 환경, 교육, 개인의 노력을 통해 극복할 수 있다. 물론 최고 중의 최고가 되기 위한 첫 걸음에서 유전자의 중요성을 간과할 수는 없다. 인간은 게놈genome에 기록된 설계도, 부모에게서 이어받은 '유전 플랜'에서 완전히 자유로울 수는 없다. 사람의 다양한 신체 기관과 조직은 물론 뇌의 각 부분과 다중구조 등 지성적인 측면이 모두 유전성을 띤다는 연구 결과가 많다. 부모의 유전자가 100퍼센트로 이어지는 것은 아니지만, 지능 및 지성에 대해서는 60퍼센트 정도 유전성을 띤다는 결과가 다양한 연구에서 나왔다. 음악가의 자식이 음악을 잘하고, 미술가의 자식이 미술을, 운동선수의 자식이 운동을 잘하는 등의 사례는 단순히 환경적 요인 때문만은 아니라는 이야기다. 유전자와 환경이 결합되어야만 청출어람이 완성된다. 특출한 운동 능력을 유전적으로 받은 메시는 환경적으로도 축구를 즐길 수밖에 없었던 이유로 부친과 형 이상의 축구 실력을 갖출 수 있었다.

선천적 유전자와 후천적 환경을 잇는 가장 중요한 요소는 '호기심'이다. 첫째 로드리고, 둘째 마티아스에 비해 메시는 축구에 대해 더 강한 애착을 보이며 성장했다. 앞서 축구를 잘하던 부친과 형제들의 모습에서 이들과 함께하고 싶다는 호기심, 그리고 이겨내고 싶다는 의지가 더 어린 나이에 발동하면서 강화된 것이다.

인류 진화의 열쇠 중 하나는 호기심이다. 신생아는 별도의 교육을 진행하지 않아도 스스로 자신의 지성을 신장시키는 능력을 갖추고 있다. 지성은 자발적으로 발전한다. 뇌 안의 다중지성 구조의 발달 원리가 자기 조직화되어 있다. 강요에 의한 발전보다 자발적인 발전이 효과적이라는 사실은 이미 뇌과학 분야뿐 아니라 교육학 이론에서도 검증된 가설이다.

매슈 사이드의 저서 『베스트 플레이어』에서 소개한 헝가리의 교육 심리학자 라슬로 폴가Laszlo Polgar의 실험은 영재 육성 과정에서 호기심의 고양이 인간에게 미치는 효과를 매우 실증적으로 보여준다. 라슬로는 뛰어난 경지에 오르기 위해 필요한 것은 유전보다 훈련이라는 이론을 최초로 주장한 학자다. 그는 이론을 입증하기 위해 자신의 자녀에게 실험을 했다. 세 딸을 낳은 라슬로는 객관적으로 탁월한 능력을 입증하기 위한 분야로 '체스'를 선택했다. 결국 라슬로의 노력은 세 딸이 모두 어린 나이에 세계 체스 챔피언에 등극하는 결실로 이어졌는데, 이때 그의 교습법의 핵심이 호기심이었다.

그는 네 살이 되기 전에 첫째 딸 수잔에게 많은 시간의 체스 교육을 실시했는데, 교육 방식을 놀이화했다. 재미있는 연극놀이로 만들어 체스를 즐기도록 했다. 둘째 딸 소피아와 막내딸 주디트는 기어다닐 정도의 시기에 아버지와 수잔이 체스를 하는 모습을 지켜보며 자랐다. 그러나 라슬로는 이들이 지나치게 어린 나이에 체스를 시작하지 않도록 했다. 다만 체스 말을 손에 쥐어주고 질감과 모양을 즐기며 장난감으로 삼도록 했다. 소피아와 주디트에게는 다섯 살이 된 이후에 훈련을 시작했는데, 장시간 특훈을 받는 와중에도 아이들은 모두 체스를 즐겼다.

사이드는 이를 두고 동기가 내면화됐기 때문이라고 설명했다. 주디트는 수많은 시간을 연습했지만 "체스를 워낙 좋아했기 때문에 즐거웠다"고 말했고, 소피아도 "누가 강요한 것이 아니다. 우리는 체스에 빠져 있었다"며 승리의 비결을 털어놓았다.

호기심 자극은 영재 교육의 기본 원칙으로 이미 잘 알려져 있다. 최근 교육계의 화두인 자기주도 학습은 결국 아이들의 '자발성'이 성장 과정에서 가장 중요한 부분이라고 말하고 있다. 호기심이 생기지 않는 일이나 콘텐츠에는 곧 흥미를 잃어버리고 지루함을 느낀다. 성인의 경우 어쩔 수 없이 집중을 해야 하는 상황이 많다. 수업 시간에 조는 학생들도 많다. 아이들의 경우는 이런 상황을 강요하기 어렵고, 강요하더라도 한 귀로 듣고 한 귀로 흘리게 되는 '시간 낭비'만 하게 될 뿐이다. 흥미를 느껴 자발적으로 접근하지 않으면 자신의 능력으로 녹아들 수 없다.

성인이 된 이후는 기계적으로 반복하는 것을 통해 해당 능력을 키울 수 있지만, 유아기에 발전시킨 능력과 비교하면 상대적으로 뒤처질 수밖에 없다. 이것이 바로 노력으로 이겨내지 못한 '타고난 능력'의 진실이다. 실은 타고났다고 하기보다는 해당 분야의 뇌 기능이 훨씬 더 발달하면서 조금의 노력만으로도 큰 성과를 얻을 수 있게 된 것이다. 이 부분은 2교시에서 더 자세히 설명하겠다.

인간의 행동 중 가장 자발적으로 하는 것은 '놀이'다. 학부모들이 아이들에게 하라고, 하라고 계속해서 이야기하는 것은 '지루한' 공부이고, 그만하라고 야단치는 것은 '재미있는' 놀이다. 사와구치는 강아지의 놀이애완견은 놀이를 좋아해서 마치 아이처럼 주인에게 놀자고 보채는 경우가 있다. 이러한 놀이는 단순히 '재미'를 위한 욕구가 아니라 성장을 위한 훈련을 본능적으로 수행하는 것이라고 할 수 있다에 대해 설명하며 "자발적으로 행동하고 환경과 상호작용함으로써 그 환경에서 잘 살아남기 위한 '지성'을 발달시킨다. 그 시기에 충분히 놀게 하지 않으면 자라서 여러 가지 문제 행동을 일으키는 경우가 많다. 인류도 마찬가지"라고 전하고 있다. 모든 아이들이 모든 종류의 놀이를 좋아하는 것은 아니다. 호기심을 자극하는 놀이를 택하고, 그 놀이를 하면서 해당 놀이를 '잘' 하기 위한 능력이 자연스럽게 발달한다. 앞서 인류 진화의 원천이라 설명한 '호기심'에도 유전적인 차이가 있다.

호기심은 도파민dopamine과 깊은 관계가 있다. 도파민은 혈압 조절, 중뇌에서의 정교한 운동 조절 등에 필요한 신경 전달 물질이자 호르몬이다. 가장 널리 알려진 기능으로는 쾌감, 즐거움 등과 관련한 신호를 전달하여 인간에게 행복감을 느끼게 하는 것이다. 쾌감과 즐거움은 곧 호기심과 연결되며, 도파민의 분비를 촉진하는 일을 할 경우 집중도를 유지한 채 수행할 수 있다. 만약 도파민의 분비가 비정상적으로 낮으면 제대로 움직이지도 못하고 감정표현도 잘 하지 못하는 파킨슨병에 걸리게 된다.

결국 적절한 환경이 주어져도 호기심이 동하지 않으면 무용지물이다. 호기심을 갖고, 그 호기심을 발현시킬 수 있는 환경을 만들어주고, 호기심을 계속해서 확산시켜가는 과정에서 해당 능력에 대한 '진화'가 이루어진다. 그렇게 진화한 유전자를 품고 성인이 되었을 때의 능력을 우리는 '천재적'이라고 부른다.

축구는 아이들에게 기본적으로 '놀이'로 인식된다. 천재가 등장하는 수많은 분야, 임금과 복지의 측면에서 안정적인 조건이 아님에도 높은 경쟁률을 보이는 분야의 특징은 영화, 음악, 미술, 스포츠 등 아이들이 본래 놀이로 삼고 즐기던 '놀이'가 연결된 직종이라는 점이다. 즉, 좋아하는 일을 직업으로 삼는 꿈을 꾸는 것이다. '천재'가 이런 직종에서 집중적으로 출현하는 것은 자발성과 호기심으로 설명할 수 있다.

:

"나부터 생활화, 내 유전자를 바꿔라"

아이의 호기심을 자극할 수 있는 방법은 무엇일까? 앞서 여러 사례를 통해 찾은 힌트는 시키지 말고 보여주라는 것이다. 자식이 본인보다 더 잘되기를 바라는 수많은 부모들이 환경을 바꿔주고, 기회를 제공하는 것으로 목적을 이룰 수 있다고 생각한다면 큰 오산이다. 그에 앞서 좋은 유전자를 물려줘야 한다. 이미 요즘 부모들은 아이를 갖기 전 최대한 건강한 몸 상태를 유지하기 위해 노력하고 있다. 신체적으로 건강한 아이를 출산하기 위해서는 이 정도로도 충분하지만, 천재적인 아이를 키우기 위해서는 자기부터 해당 분야의 능력을 키워 유전자에 영향을 주는 것이 필요하다. 지성은 유아기에 완성되지만, 유전자는 수십 년 동안 이어지는 평생의 삶에 영향을 받아 변형된다. 우리의 신체 구조와 능력이 어떤 삶을 살아왔느냐에 따라 달라지고, 그렇게 구축된 자신의 특질이 아이에게 전해지는 것이다. 그렇게 대를 이어가면서 진화에 진화가 거듭된다.

아이가 축구 선수로 성공하기를 바란다면, 부모부터 축구를 생활화해야 한다. 축구 경기를 관람하며 '치맥'을 즐기는 남성이, 자신의 아이를 축구 천재로 키우고 싶다는 마음에 출생 직후부터 축구를 많이 보여주고 경험하게 하는 후천적 환경 조성으로 남들보다 앞서 가게 할 수 있다. 그러나, 타고난 유전자까지 뛰어난 아이가 동등한 노력을 할 경우 경쟁에서 밀릴 수 있다. 최고 수준에서 이루어지는 경쟁의 승패는 아주 작은 차이에서 갈린다. 선천적 유전자는 작은 차이가 아니다. 키와 신체 구조, 체질, 근육의 질과 운동 신경 등 많은 부분에서 나타나는 차이가 후천적 교육을 받아들이는 아이들의 실력에 차이를 야기한다.

이런 영향으로 세계 최고의 선수들, 프로 축구 선수들의 자녀들이 축구 경기에 더 적합한 유전자를 갖춘 아이를 낳을 가능성이 높다. 그러나 선수 출신이 아닌 일반 사람들의 경우에도 꾸준한 운동과 단련을 통해 운동 능력을 키울 수 있고, 운동 신경이 발달한 아이를 낳을 수 있다. 극단적으로 예를 들면 매주 조기 축구회에 나가며 축구를 생활화한 건장한 남성의 유전자와 매주 밤에 맥주와 안주를 즐기며 축구 보기만 즐겨온 비만 남성의 유전자 중 아이에게 축구에 더 적합한 유전자를 전수할 수 있는 쪽이 전자라는 점은 쉽게 납득할 수 있을 것이다.

최고의 선수가 낳은 아이라고 해서 그 능력을 고스란히 받는 것은 아니다. 좋은 유전자와 축구를 자주 접할 수 있는 환경, 그리고 좋은 교육을 받을 수 있는 기회의 폭이 더 넓기 때문에 최고의 선수에 도달할 가능성이 높은 것은 사실이지만 필수 조건은 아니다. 메시와 호날두의 경우에도 부친이 축구계에 종사하기는 했으나, 최고의 선수와는 거리가 멀었다. 물론 한두 달 정도 단기간 준비하는 것만으로 본인이 가진 유전자 구조를 바꿀 수 있는 것은 아니다. 최소한 3년 이상의 꾸준한 운동과 노력을 통해 서서히 바꾸어나가야 한다.

하루아침에 이루어지는 것은 없다. 지금까지 천재의 탄생은 철저히 우연에 기댔다. 계획적으로 천재를 탄생시키기 위해선 장기적인 준비와 계획이 필요하다. 이렇게 본인이 축구를 생활화할 경우에 갖는 이점은 단순히 좋은 유전자를 물려주는 것에 그치지 않는다. 자신이 축구를 하는 모습을 정기적으로 아이에게 보여줄 수 있고, 그 과정에서 강요가 아닌 자발적인 참여를 끌어낼 수 있다. 태어나면서 아이에게 축구를 호기심의 대상으로 보여주고, 놀이의 일환으로 인식시켜 즐길 수 있는 환경을 조성해줄 수 있다. 아주 어린 나이부터 축구 교실에 보내기는 어렵다. 아직 국내에는 유아기의 아이에게 축구를 가르쳐주는 곳도 없는 실정이다.

결국 아주 어린 아이에게 올바른 자세와 기술을 전수하기 위해서는 부친이 그러한 능력과 실력을 갖추고 있어야 한다. 그러기 위해선 스스로 축구를 생활화하고 익혀야 한다. 축구가 아닌 다른 분야도 마찬가지다. 음악, 미술 등 다른 분야에서 아이를 천재로 키우고 싶다면 자신도 해당 분야에 일정 수준 이상의 숙련도를 갖추고 있어야 한다.

"부친과 누나가 없었다면 모차르트도 없었다"

볼프강 아마데우스 모차르트의 부친 레오폴트 모차르트는 잘츠부르크대학교에서 논리학과 법률학을 공부했다. 그러나 그는 교회에서 일하기를 바랐던 부모의 소망과 달리 자신의 진로를 음악으로 택했다. 좋은 교육을 받은 지성인이었던 레오폴트는 이후 유려한 연주 솜씨를 지닌 바이올린 연주자이자 유명 작곡가의 삶을 살았다. 그는 당대 유명한 바이올린 교본을 쓴 저자이기도 했다. 18세기 후반 독일의 가장 뛰어난 바이올린 연주자들은 모두 그 책으로 공부를 했다고 쓴 영국 역사가의 기록이 있다.

대학교를 졸업한 후 요한 밥티스트 백작 집에 악사로 들어간 레오폴트는 3년 뒤 대주교의 궁정 악사가 되었다. 레오폴트도 훌륭한 음악가였다. 교회용 소나타, 교향곡, 세레나데, 협주곡, 트리오, 희유곡, 12편의 오라토리오, 무언극, 일반 악기들에 트럼펫과 탬버린, 북, 피리가 더해진 군대 음악, 다섯 대의 차임벨을 위한 썰매 경주곡, 야상곡, 미뉴에트, 오페라의 춤곡 등을 작곡했다. 그의 곡에 흐르는 장난스러운 분위기가 모차르트의 음악 스타일에 영향을 주었다고 볼 수 있다.

더불어 모차르트는 사람에 대한 세심한 관찰력과 탁월한 통찰력을 바탕으로 오페라를 완성했는데, 레오폴트 역시 유럽의 여러 도시를 거치며 작성한 수많은 양의 편지가 당시 사회 연구에 귀중한 자료가 될 정도로 날카로운 시선을 갖춘 아마추어 사회사였다. 모차르트는 부친의 꽤 많은 부분을 닮았고, 이 부분을 통해 천재적 능력을 인정받았다.

모차르트의 누나 난네를(Nannerl) 역시 일찌감치 음악적 재능을 뽐냈다. 그녀의 삶을 다룬 영화 〈나넬 모차르트〉(2010, 르네 페레 감독)도 2011년 9월 한국에서 개봉한 바 있다. 레오폴트는 1747년 안나 마리아 페르틀과 결혼한 뒤 7명의 아이를 낳았는데, 그중 살아남은 아이는 딸 마리아 안나와 볼프강뿐이었다. 마리아 안나는 집에서 난네를이란 애칭으로 불렸다. 레오폴트는 어린 딸 난네를에게 일찌감치 음악을 가르쳤고, 난네를 역시 음악을 즐기며 배웠다. 난네를이 음악 공부를 시작했을 때 모차르트의 나이가 세 살이었다. 어린 모차르트는 누나가 음악을 배우는 모습을 보면서 자랐다. 모차르트의 차례는 언제나 누나 다음이었다. 레오폴트는 가르치는 모든 것을 빠르게 흡수하는 난네를의 뛰어남에 기뻐했다. 난네를을 위해 건반 연주기법을 체계적으로 익힐 수 있는 훈련교본을 만들어 강습했다. 모차르트는 난네를의 레슨을 방해하지 않고 끝까지 경청했고, 레슨이 끝나고 난 뒤에 자리를 차지했다. 스스로 건반을 치며 누나가 배운 것을 따라 했던 모차르트는 강한 자발적 호기심을 갖고 더 어린 나이에 배움을 시작했다. 난네를을 가르치며 레오폴트가 만든 교본 '공책(Notenbucb)'는 곧 모차르트의 천재 성장 일지로 변모하고 말았다.

모차르트는 전문 교습을 받고 있던 누나보다 훨씬 빠른 속도로 성장했고, 머지않아 누나의 실력을 앞질렀다. 난네를 역시 만 10세에 불과한 나이에 30대에 이르는 프로 건반 연주자 못지않은 실력을 갖춰 잘츠부르크를 대표하는 신동으로 호평을 받았다. 난네를과 모차르트는 함께 유럽을 돌며 남매의 천재성을 알렸다. 평생 부친 레오폴트에게 교습을 받은 모차르트도 만 10세에 이르렀을 때 부친의 능력을 넘어섰다. 부친 레오폴트와 누나 난네를은 모차르트에게 있어 아주 어린 나이에 허물없이 믿고 따를 스승, 멘토 그리고 경쟁 상대가 되었다. 난네를이 자신 이상의 천재성을 보인 동생을 시기하고 질투하지 않았던 점도 모차르트 가족사에는 다행인 부분이다. 가족 안에 이런 존재가 있었다는 점은 천재의 탄생에 결코 빼놓을 수 없는 요소다.

난네를은 그녀를 다룬 영화나 소설이 나오고 나서야 대중에 알려졌다. 여전히 모차르트에 큰 관심이 없는 이들은 난네를의 존재를 잘 알지 못한다. 난네를 역시 뛰어난 신동이었지만, 천재와 신동의 상업적인 가치는 나이가 들수록 떨어질 수밖에 없다(레오폴트는 남매를 데리고 전 유럽을 돌며 순회공연을 열어 많은 돈을 벌었다). 아주 어렸던 모차르트에 비해 난네를은 하루가 다르게 성숙했고, 사춘기에 도달한 후에는 정신적으로도 불안한 시기를 보냈다. 동생 모차르트의 경우 만 7세라고 나이를 속이며 2년간 연주 여행을 다녀도 알아차리는 이들이 없었지만, 난네를의 경우에는 외향적 성숙으로 인해 그러기 어려웠다. 결국 만 18세가 된 난네를은 더 이상 연주 여행을 함께할 수 없었고, 그 뒤로는 오직 모차르트의 존재만이 유명세를 탔다. 수많은 연주 여행 속에 발전할 수 있는 기회도 모차르트에게만 주어졌다.

메시는
세 살에 축구를 시작했다

뱃속에서부터 교육이 시작된다는 의미에서 '태교'라는 말이 생겨났습니다. 더 어린 나이에 배움을 시작해야 머리가 좋아진다는 사실은 이미 한국 사회에 만연한 '조기 교육 열풍'으로 더 설명할 필요가 없는 이야기입니다. 그러나, 과도한 '선행학습'과 치열한 사교육이 즐겁게 뛰놀며 열린 자세로 많은 것을 받아들여야 할 아이들에게 '과로'와 '스트레스'를 먼저 배우게 하는 부작용을 낳았습니다. 일찍 시작하는 것은 분명 중요합니다. 그러나 앞에서 설명했듯 그것이 자발적인 노력이 되지 않는다면 무용지물이라는 것을 알고 있어야 합니다. 그 점을 주지하고 있다는 전제하에 천재 육성에 있어서 가장 중요한 시기를 이야기하고자 합니다.

그 시기는 초등학교에 입학하는 8세 이전이며, 그 시작은 만 3세경이여야 한다는 것이 수많은 천재들이 보이는 공통점입니다. 성공을 위해서는 후천적인 노력만으로도 충분한 경우가 있습니다. 굳이 아주 어린 나이부터 시작하지 않아도 부지런하게 훈련하면 어떤 분야에서든 우수하다는 평가를 들을 수 있습니다. 그러나 아무리 노력해도 따라잡을 수 없는 이들이 있고, 이런 이들을 두고 '타고난 천재'라고 표현하기도 합니다. 유전적으로 타고난 부분도 차이를 내지만, 그보다는 유아기에 구축한 능력의 차이가 최상위 단계에서 차이를 내는 결정적인 요소가 된다고 할 수 있습니다. 내 아이를 천재적으로 만들고 싶다면, 놓쳐선 안 될 시기에 대한 이야기를 들어보시죠.

"3세부터 시작했고 12세에 완성됐다"

메시의 성공을 이야기할 때 빠지지 않은 이야기는 FC바르셀로나의 선진 유소년 시스템이다. 메시는 만 12세에 아르헨티나를 떠나 스페인 바르셀로나로 이주했고, 그 뒤로 2015년 현재까지 바르사의 원 클럽맨으로 활약하고 있다. 메시 외에도 우수한 선수들을 다수 배출한 바르사는 축구 역사상 최고의 유소년 교육기관을 갖춰 선수 이적에 큰돈을 들이지 않고 최고의 팀을 만들 수 있다는 기준점이 되었다. 메시는 바르사가 자랑하는 유소년 기숙사 '라 마시아'의 대표적인 인물이며, 바르사 유소년 교육의 표상이다. 하지만, 메시는 기자와 가진 인터뷰에서 자신이 가진 독보적인 기술은 바르사에서 배운 것이 아니라고 말했다.

"난 아주 어릴 때부터 지금과 같은 스타일로 축구를 했다. 그 모습이 지금까지 이어지고 있는 것이다. 이런 스타일을 찾으려고 노력했던 것은 아니다. 그저 어릴 때부터 이렇게 축구를 하고 있었을 뿐이다."

메시의 최대 장점은 그 어떤 수비의 압박도 뚫어내는 드리블 기술이다. 바르사도 그 기술에 반해 아주 어린 메시를 영입했다그의 놀라운 드리블 기술의 구축과 라 마시아의 교육에 대해서는 2교시에서 자세히 설명한다. 즉, 메시는 이미 만 12세의 나이에 지금과 같은 놀라운 기술을 갖추고 있던 것이다. 메시에 앞서 바르사 역사상 최고의 업적을 이룬 브라질 공격수 호나우지뉴Ronaldinho Gaucho는 "메시를 처음 본 순간 이미 그가 나보다 위라는 것을 알아챘다"고 말했다. 그가 가진 이 놀라운 기술은 다른 이들이 아무리 노력해도 따라잡기 어려운 수준에 도달해 있었고, 지금까지도 타의 추종을 불허하고 있다.

유아기를 생생하게 기억하는 이들은 얼마나 될까? 나이를 먹을수록 아주 어린 시절의 기억은 하나의 흐릿한 장면으로만 떠오르는 경우가 많다. 메시는 자신이 축구와 처음 만났던 시절을 여전히 또렷하게 기억하고 있다.

"아주 어릴 때였다. 세 살이나 네 살 정도? 동네에 있는 팀에서 축구를 했다. 아장거리면서 공을 차던 이미지가 떠오른다. 정말 어릴 때 시작했다. 어렸을 때부터 축구공을 아주 좋아했다."

물론 메시 자신이 모든 것을 기억할 수는 없다. 그의 부모가 기억하는 유년기를 들여다보자. 메시는 9개월 때부터 걷기 시작했다. 평균적으로 아이들이 걸음마를 시작하는 시기는 13개월 정도다. 손을 잡아주고 걷기 시작하는 것은 생후 10~11개월 무렵이고, 늦어도 15개월이면 혼자서 걸음마를 하는 경우가 대부분이다. 메시는 이보다 최고 4~6개월은 먼저 걸었다. 처음 두 다리로 서자마자 문 밖으로 나가려고 했다. 메시의 집은 늘 문을 열어두고 있었고, 어린 메시가 실제로 문 밖으로 비틀거리며 나가다 넘어진 일이 있었다. 그렇게 넘어져서 팔이 부러지는 일도 있었지만 그 뒤에도 두려움은 갖지 않았다. 메시는 계속 아장거리면서 공을 가지고 노는 형들을 따라 걸었다. 같이 공을 차지는 못했지만 축구공에 집중하고 공을 쫓는 일로 걸음을 익혔다.

메시는 만 3세 생일에 붉은색으로 다이아몬드 모양이 칠해진 뉴웰스올드보이스의 축구공을 선물로 받았다. 이미 첫돌에 뉴웰스 유니폼을 선물로 받은 메시는 겨우 만 3세에 공을 차고 놀 수 있을 정도로 컸다. 메시는 생일 선물로 받은 공을 차며 놀았고, 만 4세가 되었을 때는 형제들 사이에 끼어 함께 공을 차는 수준에 이르렀다. 물론 모친 셀리아의 입회하에서였다. 메시는 "엄마가 나가서 축구를 하도록 해주셨는데, 내가 다른 형들보다 훨씬 어렸기 때문에 언제나 옆에서 지켜보셨다. 내가 우는지 안 우는지를 살피셨다. 그렇게 해주신 것이 내게는 아주 큰 영향을 끼쳤다"고 회고했다.

메시의 형 로드리고는 메시가 2012년 FIFA 발롱도르를 수상할 때 "메시는 공과 함께 태어났다. 공과 함께 살고, 공과 함께 잤다. 그저 공만 바라봤다"고 말하며 메시의 축구 열정에 대해 설명했다. 실제로 어린 메시는 공 없이 잠들지 못했다. 공이 근처에 있거나 다리 사이에 있다는 느낌이 없으면 깊이 잠들지 못했다. 근처에 공이 없으면 우울해 보였다. 그는 공을 찰 때 외에도 항상 공과 함께했다. 엄마와 장을 보러 갈 때를 비롯해 거리를 나서는 모든 순간에 공을 몰고 다녔다. 손에 들기 어렵거나 차면서 다니기 어려운 곳에 가더라도 공을 넣을 가방을 휴대하거나 축구 양말로 감아올려서 가지고 다녔다. 할 수 있는 모든 방법을 동원해 축구공과 떨어지지 않으려 했다. 강박이나 집착에 가까운 수준으로 공과 붙어 있으려 했다.

물론 메시가 축구공만 가지고 놀았던 것은 아닐 것이다. 호르헤는 "축구만이 메시의 유일한 친구는 아니었다. 자전거도 타고 이웃 친구들과 플레이스테이션 게임도 했다. TV도 봤다"고 말했다. 그러나 메시는 "내가 기억하는 시점에는 언제나 공과 함께였다"는 말로 그저 축구뿐이었다고 말한다. 자전거를 탈 때도 공을 휴대했고, 플레이스테이션으로 축구 게임을 했으며, TV로 축구 경기를 봤다. 친구들은 "메시는 오직 축구만 좋아했다"고 기억한다. 메시의 맞은편 집에 살았던 키로가Quiroga 씨는 "아이들이 축구를 좋아해도 종일 공을 가지고 놀지는 않는다. 그런데 메시는 온종일 그러더라. 아이들이 모두 떠나고 난 뒤에도 문 앞에서 공을 가지고 놀았다. 우리 어머니가 수차례 야단을 치셨다. 공을 갖고 놀기에 늦은 시간이니 집으로 들어가라고 했는데도 계속해서 공을 찼다"고 말했다.

메시는 3살 때 처음 공을 찼고, 4살부터 형들 사이에 섞여 축구를 했다. 그리고 호르헤는 이미 4살 때 메시가 공을 차는 모습이 비범하다는 것을 느꼈다.

"다른 아이들과 다르다는 것을 알아차렸다. 겨우 4살에 공으로 잔기술을 부릴 수 있었고, 원하는 곳으로 공을 보낼 수 있었다. 믿을 수 없었다. 조금 더 나이가 들고 나서는 6~7살이나 나이가 많은 아이들과 섞여서 뛰는 데도 춤을 추는 것처럼 그 사이를 돌파했다."

작은 메시의 번개 같은 돌파를 보고 형 로드리고가 '벼룩La Pulga'이라는 별명을 붙여줬다.

메시는 초등학교에 들어가기도 전인 만 5세의 나이에 로사리오 지역의 '베이비 풋볼리그'에 참가했다. 7인제 축구로 당시 만 5세부터 만 12세 사이의 연령대 아이들이 경쟁하는 대회였다. 메시가 할머니와 함께 형들이 공을 차는 모습을 보기 위해 놀러가던 그란돌리 클럽에서 주관한 대회다. 1980년 2월에 창설된 이 대회의 등장을 통해 아르헨티나의 유망주들은 더 어린 나이에 경쟁적인 경기를 경험할 수 있게 되었다. 참가 인원은 제한적이었고, 요건도 까다로웠다. 아직 너무 어린 나이의 아이들이었기에 부상의 위험이 커 일정 수준 이상의 실력을 인정받지 못하면 뛸 수 없었다. 많은 부모들이 이 대회에 자신의 아이를 출전시켜 제2의 마라도나로 키우고자 했다.

만 5세의 메시에겐 자연히 참가권이 주어졌다. 메시가 참가 가능한 가장 어린 나이로 축구팀에 속할 수 있었던 일화는 이미 유명하다. 보통 6~7세부터 12세 사이의 아이들이 본격적으로 축구를 배우던 그란돌리 클럽은 메시의 형들이 뛰던 팀이다. 메시는 할머니 셀리아와 함께 구경삼아 그란돌리 클럽 운동장을 방문하곤 했는데, 어느 날 1986년생 팀에서 7인제 축구를 하던 도중 선수 한 명이 모자란 상황이 발생했다. 당시 4년째 1986년생 팀을 지휘하던 지도자 살바도르 리카르도 아파리시오Salvador Ricardo Aparicio는 운동장 주변에서 구경하던 아이들 중에 물색하고 있었는데, 메시의 할머니 셀리아가 자신의 손자를 강하게 추천했다. 메시는 홀로 벽에다 공을 차며 형들을 기다리던 중이었다. 아파리시오는 "그 아이는 너무 작아서 다칠 것 같다"며 만류했으나 할머니는 거듭 "뛰게 해보라"고 종용했다. 마지못해 이를 허락한 아파리시오는 "아이가 울거나 조금이라도 다치면 곧바로 뺄 것"이라는 단서를 달았다.

그라운드에 들어선 메시는 처음 공을 터치하는 순간 비범한 모습을 선보였다. 자신이 즐겨 쓰는 왼발 대신 오른발로 공이 전해져 오자 공을 터치하지 않은 채 흘리더니 한 명의 수비수를 제쳐내며 범상치 않은 움직임을 보였다. 다시 메시는 자신이 주로 쓰는 왼발로 전해진 패스를 안정적으로 잡아냈다. 사실 패스보다는 슈팅에 가깝게 투박하게 전해졌으나 깔끔하게 트래핑한 뒤 세밀한 볼 터치를 구사하며 전진했다. 그라운드 위에 있는 모든 아이들을 제치기까지 메시는 아파리시오의 패스 지시를 무시하고 골문으로 돌진했다. 계속해서 패스하라는 지시를 듣지 않는 메시에게 아파리시오는 "그냥 공을 차!"라고 소리쳤으나 메시는 계속해서 공을 몰았고, 누구도 메시의 공을 빼앗지 못했다. 아파리시오는 "그때 메시는 평생 축구를 해온 사람처럼 플레이했다"고 회고했다. 메시는 기억하지 못하지만, 할머니는 메시가 2골을 성공했다고 전했다.

그날 이후 누구도 메시가 작거나 어리다는 이유로 그라운드에서 내려오게 하지 못했다. 메시는 자신보다 한 살 많은 1986년생 그란돌리 팀에 정식으로 입단했고, 팀을 베이비 풋볼리그에서 우승시켰다. 메시는 겨우 5살이었고, 이후 만 14세로 무려 9살이나 나이가 많은 선수들과의 경기에서도 변함없는 활약을 펼쳤다. 메시는 2년 뒤 만 7세의 나이에 1994년 3월 21일 로사리오 지역 최고의 팀 뉴웰스로 이적했고, 셀 수 없이 많은 골을 넣으며 팀의 연전연승을 이끌었다.

메시는 어려서부터 '키피어피Keepy-Uppys, 발뿐 아니라 허벅지, 무릎 등을 사용해 공을 떨어트리지 않고 다루는 것' 달인으로 유명했다. 메시 입단 당시 뉴웰스 이사 중 한 명이었던 네스토르 로신Nestor Rozin은 어느 날 메시에게 "100회를 성공할 때마다 아이스크림을 사주겠다"고 했는데, 메시는 무려 1,100회나 성공해 10개의 아이스크림을 타간 일화가 있다. 메시가 키피어피를 할 때면 모든 사람들이 몰려 탄성을 터트렸다. 메시는 언제나 공과 함께 놀았다. 뉴웰스 유소년 팀과 원정 대회를 나설 때도 식사 시간 후 바비큐장 벽에 공을 차며 쉬는 시간을 보냈다. 심지어 그만 차라고 주위 사람들이 말릴 정도로 공 차기에만 몰두했다.

2000년 9월에 만 12세의 나이로 메시는 스페인 바르셀로나로 향했다. 바르셀로나에 당도했을 때 이미 테니스공으로 140회의 트래핑, 오렌지로 113회의 트래핑을 성공시킬 정도로 완벽한 기술을 갖춘 상태였다. 탁구공으로도 신기의 트래핑을 선보였다. 프로 축구 선수도 몇 개 하기 어려운 트래핑이다. 기술적으로 메시는 더 이상 배울 것이 없었고, 테스트를 위해 바르사 유소년 팀의 그라운드에 선 첫 경기에서 모든 선수들을 드리블 돌파로 제치며 특별한 모습을 보였다.

메시는 2014년 겨울, 바르셀로나로 방문한 일본의 예능 프로그램에 출연해 자신이 보유한 신기록 리스트를 늘렸다. 해당 방송에서 실시한 프로그램은 최대한 공을 높이 차올린 뒤 트래핑을 이어가는 것. 메시는 프로그램 시작 후 종전 최고 기록인 13미터를 넘겨 15미터와 18미터 높이까지 공을 차올린 뒤 받아내어 트래핑을 이어갔다. 처음에는 8미터 높이에 도전해 어렵게 공을 받아냈지만, 시도를 거듭할수록 발 안쪽과 종아리 등 가장 효과적으로 공을 받아낼 수 있는 방법을 찾아냈다. 생애 한 번도 시도해보지 못한 도전이었지만 메시가 빠르게 적응할 수 있었던 것은 이미 공을 어떻게 다뤄야 하는지 온몸의 감각이 알고 있었기 때문이다. 뉴웰스 유소년 팀에서 메시를 가르쳤던 키케 도밍게스 코치는 메시가 공을 자유자재로 다룰 수 있었던 과정에 지능적 우수함도 크게 작용했다고 증언했다.

"메시는 환상적인 코디네이션을 갖춘 아이였다. 메시에겐 공이 몸의 일부처럼 보였다. 공이 높이 오면 머리로 컨트롤했는데, 뺨을 이용해 컨트롤하기도 했다. 그 부분이 쿠션 역할을 하기에는 최상이었기 때문이다. 다른 아이들이었다면 이마를 사용했을 것이다. 몸의 가장 단단한 부분이기 때문이다. 메시는 달랐다."

결국 어린 시절에 익힌 기술이 성인에 이르기까지 영향을 미친 것이다. 그때 완성한 기술로 축구 역사상 최고의 선수라는 위치에 올랐다. 메시는 만 3세에 공을 차기 시작해 이미 만 12세의 나이에 기술적으로 완성되어 있었다.

:

MESSI THEORY

"12세 이전에 최고의 재능을 갖춰라"

메시의 기술은 만 12세에 구현했던 모습에서 크게 달라지지 않았다. 그 뒤로 경기력 면에서 더 발전하지 않았다는 이야기는 아니다. 기술적으로도 계속해서 공을 찼기 때문에 만 12세의 메시보다 만 27세의 메시가 더 뛰어날 것이다. 다만, 이토록 긴 기간의 차이에 비해 발전의 폭은 그보다 크지 않았다고 할 수 있다. 그 이후에는 전술적 움직임과 경기 이해력에서 더 많은 향상이 있었다. 메시의 플레이 영상을 비교해보면 공을 다루는 기술 자체는 만 12세 당시의 비디오와 지금이 크게 다르지 않다. 갓 프로에 데뷔했을 때와 10년 차 베테랑이 되었을 때도 공을 드리블하는 모습에는 큰 차이가 없다. 이유는 무엇일까? 나이와 상관없이 메시가 그저 만 12세에 이미 기술력의 한계치에 일찍 도달했던 것은 아닐까?

만 12세라는 수치는 이론적으로 증명되었다. 발달 심리학자 장 피아제Jean Piaget의 연구에 따르면 감각과 운동의 기본 능력 발달은 생후 2개월경에 두드러지며, 사물이나 관계를 개념화하는 행동의 발달은 12세경까지 두드러진다. 그 뒤에는 개념을 논리적으로 다루는 작용이 발달해 간다. 유아 뇌교육의 연구에 따르면 만 8세경부터 길어도 12세까지 다중지성 구조의 기본적 골격이 형성된다. 만 8세에서 만 12세에 이르는 나이까지 뇌의 유연성이 유지된다. 뇌가 유연하게 변화할 수 있는 '가소성'이 유지되는 기간이 이때다. 인간의 신경계는 변형을 거쳐 유지되는데, 다중지성 구조가 바로 신경계에 해당한다. 대뇌피질에서 지성의 구조는 환경 요인에 의해 자기 조직적으로 변화한다. 그리고 평생에 걸쳐서 유지되는 구조와 작용의 기반이 유아기에 만들어진다. PQ는 IQ와 마찬가지로 유전되지만, 8세 이전의 유아기에 구조 변화의 폭이 크기 때문에 이 시기 환경에 따라 많은 것이 달라진다.

피아제의 연구에 따르면 천재란 어릴 때의 유연성을 비교적 오랫동안 유지하는 사람으로 볼 수 있다. 이 시기를 '감수성기感授性期'로

부르는데, 인간이 다른 영장류에 비해 많은 것을 보고 배워 진화해 고도의 지적 능력을 갖추게 된 비결도 감수성기가 길기 때문이다. 원숭이, 침팬지 등 다른 영장류는 평생 지속되는 뇌의 발달 기간이 짧기 때문에 인간에 비해 지성구조가 부실하며 능력이 떨어진다. 이 시기에 적절한 사회 환경이 마련되지 않은 가운데 동물들 사이에서 아이가 자라난다면 해당 동물과 유사한 모습으로 발달하게 되며, 만 12세가 지난 뒤에는 다시 인간의 손에 의해 양육되어도 일반적인 인간의 지적 수준에 도달하지 못한다.

이는 늑대 무리 속에서 자란 소녀 카마라의 사례를 통해 입증되었다. 만 8세경에 발견된 소녀 카마라는 암흑 속에서도 물체를 보고, 새벽 1시에서 3시 사이에 울부짖은 습성을 가졌다. 네 발로 달리면서 사람이 도저히 쫓을 수 없는 엄청난 속력을 보였고, 물을 혀로 핥는 등 늑대의 특성과 능력을 그대로 갖고 있었다. 다만 발견 후 인간의 교육을 받고도 언어 능력이나 지적 능력에서 정상적인 범위에 도달하지 못했다. 교육을 받은 지 4년째 되는 해에 겨우 다섯 마디의 말을 했고, 5년 차에 이르러 식습관 변화와 대소변을 직접 가릴 수 있는 단계가 되었다. 7년 차에 45마디의 말을 하고 노래를 부를 수 있었으나 8년째 되던 만 17세의 나이에 요독증으로 사망했다. 함께 발견되었던 만 2세의 여동생 아마라는 건강 상태가 좋지 않아 발견 후 1년 만에 사망해 교육에 따른 효과를 입증하지 못했다.

『유아교육과 뇌』에 소개된 실험은 유아기 환경과 교육의 중요성을 단적으로 보여준다. 예로부터 미국 원주민인디언의 주거형태는 삼각형의 텐트인데 어린이들은 태어났을 때부터 3각, 결국 사선에 둘러싸여서 생활한다. 그래서 그들은 사선에 대해 고도의 식별 능력을 가지고 성장한다. 아프리카 대초원 사바나에 사는 마사이족은 먼 곳의 물체를 보는 능력이 매우 뛰어나다. 시력 2.0은 흔하고 5.0도 많다. 시력이라면 '눈'의 능력이라고 생각하기 쉽다. 물론 눈도 소중하지만 시력에는 뇌의 작용도 크게 관여하고 있다. 시력이 2.0이나 5.0이 되는 것은 유아기에 경험한 환경에 달렸다. 같은 아프리카라 해도 삼림에 사는 티그미족의 사람들은 원근감이 부족한 상태로 자란다. 삼림 안에서 생활하므로 먼 곳을 볼 기회가 적기 때문이다. 그들은 어른이 된 후 사바나에 가서 멀리 있는 코끼리를 봤을 때 '아니 무엇 때문에 코끼리는 이렇게 작은가' 하며 놀란다는 것이다. 유아기의 환경 탓으로 원근감공간적 지성의 일종에 관련되는 뇌의 영역이 그처럼 형성되고 만 것이다.

이처럼 환경 요인이 지성의 구조에 큰 영향을 미친다. 그리고 이와 같은 환경 요인에 의한 급격하고 조직적 또는 형태적인 가소성 변화가 일어나기 가장 쉬운 시기가 유아기다. 제1차 시각영역의 경우 원숭이는 한 살경까지 사람은 길어도 네 살까지 두드러진다. 이 기간을 임계기臨界期 또는 감수성기라고 한다. 감수성기에는 급격한 가소성 변화가 일어나고, 그 다음에는 그것에 필적할 만한 두드러진 변화는 일어나지 않는다. 원숭이의 시각 감수성기는 탄생 후부터 1세경까지인데 그 기간에 수개월 정도 한쪽 눈을 계속 가린다면 한쪽 눈으로부터 입력을 전하는 신경 경로에 대규모의 가소성 변화, 즉 신경 섬유나 시냅스의 소실이 일어난다. 1세가 지난 다음에는 한쪽 눈을 수개월 동안 감게 하여도 감은 눈으로부터 입력을 전하는 시냅스가 격감하는 일은 일어나지 않는다. 일부는 감소하나 회복은 충분히 가능하며 한쪽 눈을 뜨면 두 눈으로 물체가 보이게 된다.

사람도 마찬가지다. 유아 백내장에 걸려서 생후 네 살 정도까지 사물을 보지 못한 채 생활했다면 그 후에 백내장이 나아도 평생 사물을 잘 보지 못한다. 극단적인 경우 명암밖에는 느끼지 못할 수 있다. 네 살 정도까지가 시각의 감수성기인 것이다. 반대로 이 감수성기가 지난 네 살 이후 백내장에 걸려 수년 동안 사물을 보지 못한 채 생활하다가 나았을 경우에는 제대로 사물을 볼 수 있을 정도로 회복된다.

감수성기는 시각이나 청각 등의 비교적 단순하고 기본적인 작용과 관련이 있다. 요컨대, 지성 구조에서 낮은 차원에 있는 구성 단위의 기능을 결정한다. 저위低位 구성 단위가 담당하는 것과 같은 기본적인 기능은 유아기에 될 수 있는 대로 빨리 완성되는 쪽이 적응한다. 이러한 과학적 이유로 인간이 가진 능력은 유아기의 환경에 영향을 크게 받아 후천적 노력으로 극복하기 어려운 차이가 발생하게 된다.

시카고대학교의 연구에 따르면 0세부터 6세 사이에 옳은 지적 자극을 받지 않았던 아이는 학교에 들어가서 100년 동안을 헛되이 보내게 된다고 한다. 베스 이스라엘 메디컬센터의 연구에 따르면 어린이의 눈은 생리적으로 만 1세가 되면 글자를 읽을 수 있는 상태에 도달하며, 3세 이전에 두뇌배선의 90퍼센트 이상이 완성되고, 6세 이전에 새로운 피질과 낡은 피질의 장벽이 구축된다. 이 시기에 얼마나 먼저 앞서 가느냐가 평생을 좌우할 수 있는 이유다. 유아 교육의 권위자인

마리아 몬테소리는 6세 이하야말로 학습에 매진해야 할 때라고 주장했다.

"6세 이하의 유아들은 학습에 피로를 보이지 않고 오히려 학습열이 더 강해진다."

유아기의 교육은 후천적 노력으로 따라올 수 없는 '타고난 재능'을 갖추기 위한 방법론이다.

⋮

"공과 한몸이 되게 하라"

축구 경기에서 두각을 나타내기 위한 방법은 다양하다. 각 포지션마다 역할과 특성, 필요로 하는 능력이 다르고, 자신의 신체 조건을 활용해 경기에서 차이를 나타낼 수 있는 저마다의 강점이 있다. 그렇다고 하더라도, 궁극적으로 축구를 잘하기 위해선 공을 잘 다룰 수 있어야 한다. 특히 현대 축구는 전 선수의 멀티화, '토털 풋볼'이 극대화되었다. 공격수도 수비를 해야 하고, 수비수도 공격을 할 수 있어야 하는 시대에서 이제는 필드 위의 선수 중 유일하게 손을 더 많이 사용하는 골키퍼 포지션마저 공을 다루고 짧은 패스를 주고받을 수 있는 능력을 갖춰야 인정받는 시대가 되었다. 위치 선정을 잘하고, 헤딩 기술이 뛰어나고, 몸싸움에 뒤지지 않고, 빠른 스피드를 갖추는 등 운동 능력이 뛰어나면 분명히 축구 경기에 도움이 되지만, 이는 부차적인 부분이며, 후천적 노력을 통해 충분히 보완할 수 있는 부분이다.

하지만, 공과 한몸이 된 것처럼 완벽하게 컨트롤하는 능력은 노력을 통해 도달할 수 있는 수준에 한계가 있다. 이는 몸이 자동적으로 공에 반응하는 순발력과 민감성에 해당하는 능력이 아주 어린 나이에 발달한 이들과 경쟁했을 때 비교우위를 점하기 어렵기 때문이다. 경기 중 넓은 시야를 갖기 위해선 공을 드리블하면서 땅이 아닌 앞을 볼 수 있어야 하고, 이를 위해선 눈으로 보지 않고도 공에 대한 완벽한 통제가 가능해야 한다. 키가 작거나, 힘에서 밀려도 공 자체를 완벽하게 다루고 원하는 곳으로 빠르게 이동시킬 수 있다면 공을 빼앗기지 않고 경기를 전개할 수 있다. 공격이든 수비든 포지션에 관계없이 공을 다루는 능력이 뛰어나다면 다른 이들보다 빠른 판단이 가능하고 그에 따른 빠른 수행을 통해 경기를 지배할 수 있다. 공을 다루는 데 애를 먹는다면 아무리 좋은 판단을 해도 실행에 옮길 수 없고, 아무리 운동 능력이 뛰어나도 공을 소유할 수 없다.

유소년 시기에 집중적으로 연마해야 하는 것은 공을 완벽하게 다룰 수 있는 능력의 배양이다. 그래서 공을 더 자주 접할 수 있는 작은 규모의 경기장에서 소수의 아이들로 구성해 익혀야 한다. 더불어 실전 경기보다는 공 자체를 완벽하게 다루기 위한 훈련에 더 많은 시간을 써야 한다. 이는 팀에서 지시하는 훈련만으로는 불가능하다. 세계적인 수준에 도달한 선수들은 모두 온종일 공과 함께 유년기의 하루를 보낸 경험을 갖고 있다. 공이 아닌 어떤 사물이든 구체로 되어 있다면 컨트롤이 가능하다.

기본기를 연마해야 한다는 이유로 억지로 반복된 트래핑 훈련을 시킨다면 일정 수준 이상은 발전하겠지만, 그야말로 축구 선수가 되기 위한 기본적인 수준의 능력을 갖추는 데 그칠 수밖에 없으며, 교육받은 동작으로만 트래핑이 가능할 것이다. 평소 산책을 하고 집안을 돌아다니면서도 공과 함께한다면 축구 경기에서 흔히 나오기 힘든 동작으로도 공의 컨트롤이 가능해져 예측 불허의 순간에도 공을 소유할 수 있는 기술을 체득하게 된다. 온종일 공과 한몸이 되어서 생활해야 가능한 수준이다. 축구 천재를 키우기 위해선 공이 신체 일부인 것처럼 어떤 순간에도 자신의 의지로 통제할 수 있어야 한다. 24시간을 공과 함께할 정도로 공을 사랑해야 한다.

"세 살 버릇 여든까지 간다"

　　세 살에 축구를 시작한 메시와 작곡을 시작한 모차르트의 사례에서 우리는 '세 살 버릇이 여든까지 간다'는 속담에도 '지니어스 코드'가 숨겨져 있다는 사실을 알 수 있다. 겨우 세 살에 누나 난네를의 교습을 듣고서 스스로 건반을 치기 시작한 모차르트는 네 살이 되어 여러 곡의 소품을 외워서 연주하는 수준에 이르렀다. 매일 같이 이어진 부친 레오폴트의 음악 교육을 받아 1년 만에 소품을 작곡할 수 있었다. 아직 어린 아이였기에 작곡보다는 연주로 재능을 먼저 뽐냈지만, 연주를 배우던 무렵부터 작곡이라는 창작 작업에 관심을 보인 것이다. 만약 모차르트가 어린 나이에 신기의 연주 기술을 갖췄던 '신동'이었다면 후세까지 대대로, 그리고 세계적으로 '천재'라는 평가를 받기는 어려웠을 것이다. 3도 화음과 5도 화음의 기본을 익히는 것으로 음악을 시작해 1년 만에 작곡을 시도한 모차르트의 천재성은 새로운 창조라는 고도의 지적 능력 발현을 통해 드러났다. 모차르트는 만 5세가 되기까지 무던히 피아노 연주 연습을 했다. 다섯 살 생일이 되기 전 미뉴에트(17~18세기경 유럽을 무대로 보급된 4분의 3박자 무용과 그 무곡)와 트리오(스케르초, 미뉴에트, 무곡, 행진곡 등의 중간부)를 30분 만에 다 익혔다. 이미 만 6세의 나이로 미뉴에트와 알레그로를 작곡했다.

　　1763년 왕실과 귀족 가문을 중심으로 이어진 모차르트 남매의 유럽 순회공연이 시작되었다. 이 과정에서 모차르트의 연주 기술과 음악에 대한 이해력이 급속도로 발전한 것으로 보인다. 잘츠부르크를 떠나 독일과 오스트리아 지역을 중심으로 시작된 유럽 순회공연은 파리, 런던, 암스테르담 등 유럽 전역으로 확대되었고, 1766년 고향 잘츠부르크로 돌아오기까지 3년 반 동안 이어졌다. 이 기간 모차르트는 하루도 빠짐없이 수 시간을 연주하는 강행군을 소화하면서 날이 갈수록 연주 실력이 일취월장했으며 유럽의 여러 도시에서 음악적 깊이를 갖추는 특별한 경험을 했다. 모차르트 남매의 공연은 단순 연주를 넘어 자작곡 공연으로 이어졌다. 천재 모차르트의 공연은 마치 서커스단의 성격을 보이며 흥행몰이를 했다. 어떤 곡을 가져와도 초견으로 연주를 해보이거나 주어지는 선율 악보에 즉석에서 하프시코드 없이 저음부를 완성하는 등의 묘기를 선보이기도 했다. 이토록 다양한 일을 경험한 3년 반의 유럽 순회공연을 마친 모차르트의 나이는 10세에 불과했다.

10세 소년이 감당하기 어려운 일정이었지만, 가는 곳마다 이어진 찬사와 환대, 그리고 막대한 재정적 수입은 모차르트를 춤추게 했다. 그의 천재성을 의심하는 이들이 진행한 시험도 모두 식은 죽 먹기처럼 통과해 그의 명성을 더욱 높이는 결과를 낳았다. 그 모든 것은 부담이 아닌 놀이였다. 공연을 위한 연습뿐 아니라 일상생활 내내 음악이 모차르트에겐 최고의 놀이가 되었다. 모차르트 가족의 친구이며, 당시 궁정 트럼펫 연주자였던 요한 안드레아스 샤흐트너는 "자기 자신을 음악에 쏟아부은 모차르트는 다른 관심사에 대해서는 죽은 사람이나 마찬가지였다. 심지어는 유치한 장난이나 장난감에도 음악이 곁들여졌다. 그와 내가 그의 장난감들을 다른 방으로 옮길 때 우리 중 손이 빈 사람은 바이올린을 켜며 행진곡을 불러야만 했다"며 모차르트에게 음악이 곧 삶과 같았다고 회고했다. 모차르트는 10대에 들어서면서 바이올린을 연주하는 실력이 궁정 악사였던 부친의 수준에 도달했다. 부친 레오폴트가 "전 유럽을 통틀어 최고의 바이올린 연주자"라고 칭찬할 정도였다.

모차르트는 연주 실력과 작곡 능력뿐 아니라 비상한 기억력으로도 유명했다. 황제 앞에서 바이올린 소나타 제40번을 이탈리아 바이올리니스트와 협연할 때 일화다. 모차르트는 자신이 작곡한 곡을 악보로 적어두는 일을 미뤘다가, 결국 바이올린 부분만 옮겨 적어두고 자신이 맡은 피아노 부분은 외워서 연주했다.

이미 전 유럽에서 가장 유명한 인물이 된 모차르트는 잘츠부르크로 돌아와서 9개월을 보낸 뒤 또 한 번 유럽 순회공연 길에 올랐다. 레오폴트는 궁정에 소속된 악사였으나 3년여의 유럽 순회공연이 그들의 도시 잘츠부르크의 위상을 높이는 사절 역할을 했던 것을 인정받아 또 한 번 머나먼 여행길을 떠날 수 있었다. 또 3년의 시간을 떠돌아다닌 뒤

1769년 1월 잘츠부르크로 돌아온 만 13세의 모차르트는 이미 교향곡 10편, 오페라 2편, 피아노와 바이올린을 위한 소나타 18편, 미사곡 3편, 피아노 협주곡 4편, 종교적 합창곡 여러 편을 작곡한 당대의 작곡가로 자리매김했다. 잘츠부르크에서 1년을 보내며 미사곡 2편과 교향곡 2편을 발표해 40여 곡을 그의 작품 리스트에 올리는 놀라운 이력을 쌓았다.

모차르트는 음악에 관해 모든 면에서 완벽했지만, 작곡이라는 궁극의 창작 행위를 가장 좋아했다.

"나는 작곡할 때 더 큰 행복을 느낀다. 작곡은 내 유일한 즐거움이자 열정이다."

모차르트는 "나란 인간은 나로서 존재했던 그 무엇, 곧 내 음악이다. 나는 앞으로 존재할 그 무엇, 곧 내 음악이 될 것이다. 나는 다만 나, 곧 이 음악일 뿐"이라고 말했다. 음악만 알고 살았고, 음악만을 즐긴 그는 스스로 음악이 되었다. 그는 죽기 전에도 아내에게 "나의 〈마술피리〉를 다시 한 번 듣고 싶다"고 했다. 태어나서 죽기까지 그에게 위안이 된 것은 음악이었다.

학교가 천재를 키운다

> ❝
> 난 승리를 좋아한다. 나는 훈련도 좋아한다.
> 하지만, 내가 가장 가르치고 싶은 것은 보편적인 가치를 대표하면서 경쟁하는 법이다.
> 보편적 가치란 '존중'과 '교육'에 기반한다.
> 경쟁에서 승리하기 위해 모든 것을 쏟아야 하지만,
> 현재 스코어와 관계없이 '위엄'을 지녀야 한다.
> ❞
>
> ― 주제프 '펩' 과르디올라, 전 FC바르셀로나/현 바이에른뮌헨 감독

콤플렉스

가장 큰 단점은
최고의 강점이 될 수 있다

단점이나 흠이 없는 사람은 없습니다. 모든 사람이 콤플렉스를 가지고 살아갑니다. 우리는 교육과 노력을 통해 모자란 부분을 채워가며 성장합니다. 하지만, 생각을 달리 해볼 필요가 있습니다. 단순히 단점을 없애는 것이 아니라, 단점을 강점으로 승화시키는 지혜야말로 우리가 자기 자신의 개성을 잃지 않으면서 발전할 수 있는 최선의 길이라 할 수 있습니다.

축구 선수 리오넬 메시는 어린 시절 소아 성장 호르몬 결핍증을 앓았던 몸집이 작은 아이였습니다. 다른 종목에 비해 축구는 꼭 키가 커야만 할 수 있는 스포츠는 아니지만, 일정 수준 이상의 키를 갖추지 않으면 몸싸움을 피할 수 없는, 축구에서는 불리한 조건입니다. 메시는 호르몬 주사라는 의학적 치료를 통해 '왜소한 체구'가 주는 어려움을 극복했지만, 작은 몸집이라는 자신의 신체적 특징 덕분에 축구를 익히던 유년기에 기술적으로 더 큰 발전을 이룰 수 있었습니다.

모든 선수들은 저마다 자신의 신체적 강점과 개성을 활용해 자기만의 '필살기'를 만듭니다. 꼭 몸집이 작다는 점뿐 아니라 각자의 체형에 맞춰 단점을 보완하는 것뿐 아니라 자신이 가진 체형의 단점 자체를 강점으로 만들 수 있는 방법을 찾는다면, 다른 이들이 갖지 못한 나만의 '필살기'를 갖출 수 있습니다. 메시가 갖춘 세밀한 드리블 능력의 비밀에 단점을 강점으로 바꾼 연금술이 숨어 있습니다.

"항상 자신보다 큰 아이들 속에서 공을 찼다"

겨우 세 살에 공을 차는 형제들을 따라 아장아장 걷던 메시는 축구를 시작한 이래 항상 자신보다 몸집이 큰 이들 속에서 뛰었다. 유년기 시절 메시의 가장 중요한 일은 일요일마다 할머니 셀리아의 집에 모여 형제, 사촌들과 축구를 하는 것이었다. 집 앞에 위치한 좁은 콘크리트 도로에서 형 로드리고와 마티아스 사이에 끼어 스페인어로는 '론도Rondo, '돌리다'라는 뜻'라 부르는 공 빼앗기 게임을 했다. 아이들 수가 적었기 때문에 축구보다는 공을 지키고 빼앗는 놀이나 족구를 하며 놀았다. 이 과정에서 공을 다루는 감각과 순발력이 자연스럽게 발달했다. 흥미를 느낀 사촌 막시와 에마누엘이 합류했고, 나중에 태어난 브루노까지 합세했을 때는 그 수가 꽤 많았다. 아이들은 돌덩이 두 개로 골포스트를 만들어 6골을 먼저 넣는 내기를 하며 본격적인 축구를 하기 시작했다.

6골 넣기 게임은 매주 진행되었고, 한번 시작하면 거의 4시간 가까이 멈추지 않았다. 그보다 오랜 시간 동안 6골이 나지 않아 아이들이 열중한 날들도 있었다. 그럴 때면 할머니 셀리아와 모친 셀리아, 숙모 마르셀라가 만들어준 파스타를 먹고 다시 원기를 보충한 후 축구에 매진했다. 다시 축구를 하러 가야 했기 때문에 파스타를 먹어 치우는 속도는 아주 빨랐다. 먹는 중에도 아이들은 공을 놓지 않았다. 거실에서 아이들이 축구를 하는 모습을 지켜보는 조부 안토니오와 삼촌 클라우디오, 부친 호르헤 모두 열심히 공을 차는 아이들을 나무라기보다는 흐뭇하게 바라보는 쪽이었다. 할머니 역시 아이들에게 '하지 말라'는 이야기를 거의 하지 않는 교육 방침을 가져 몇 시간이고 축구를 하고 있어도 말리는 법이 없었다. 다만 건강과 예의에 대해서는 확실히 했다.

할머니의 집은 이 많은 아이들이 모여서 놀기에 충분히 넓지는 않았다. 하지만 편안하고 아늑했으며, 즐거운 공간이었다. 아이들은 늘 할머니의 집에 가는 날을 손꼽아 기다릴 정도로 축구를 즐겼다. 매주 사촌이 모이는 할머니의 집은 어쩌면 작은 축구 교실과 같았다.

당시만 하더라도 몸집이 작은 메시는 드리블 기술이 좋았던 에마누엘의 공을 빼앗는 데 쩔쩔맸다. 어린 사촌들 사이에서도 메시는 몸이 작아 고군분투했다. 모두 아이들이었지만 경기를 함께한 이들의 출생연도를 살펴보면 메시에겐 불리할 수밖에 없었다. 큰형 로드리고는 1980년생으로 메시보다 7살이나 많았고, 마티아스는 1982년생, 막시가 1984년생으로 메시보다 최소한 3살이 더 많았다. 에마누엘은 1988년생이었으나 메시보다 체구가 작지 않았다. 아이들 간의 경기였고, 나이 차이가 적지 않았음에도 진지하고 격렬하게 경쟁이 벌어져 부친 호르헤는 수시로 마티아스나 로드리고에게 조심하라고 소리를 쳐야 했다. 에마누엘이 골키퍼를 보면서 치열한 상황을 피했던 것과 달리 메시는 형들과의 경쟁을 그대로 들이받았기 때문이다. 호르헤와 삼촌 클라우디오, 할아버지 안토니오 모두 거실에서 이야기를 나누며 시간을 보내다가도 아이들이 공을 차는 모습에 눈을 떼지 못한 이유다.

형들과 경기를 하면서 또래의 다른 아이들보다 빠른 발전을 보인 메시는 동네 축구 시합에서도 늘 큰 아이들을 상대했다. 친척 간의 일요일 축구 시합은 메시의 형들이 10대로 접어든 후 곧 이웃 아이들과의 시합으로 확장되었다. 무대는 메시 할머니 집 앞의 공터였다. 마티아스는 "처음에는 메시가 너무 작다는 이유로 우리와 경기하기를 꺼리는 아이들이 많았다. 에마누엘도 작았다. 하지만 경기가 끝나고 나면 우리의 승리를 축하하며 떠났다"고 말했다. 이때 메시의 나이는 9세였는데, 상대 팀에 있던 18~19세 나이의 소년들이 메시의 드리블을 막지 못했다고 전해진다. 호르헤는 "메시가 6~7살이나 나이가 많은 형들과 섞여 뛰면서도 춤추듯이 그들 사이를 돌파했다"고 기억한다.

메시는 작은 체구에도 성인용 시합구인 5호 축구공을 일찍부터 발에 익혔다. 마티아스는 "아이가 차기엔 큰 공이었지만 메시는 원하는 곳으로 찰 수 있었고, 완벽하게 컨트롤했다"고 말했다. 공의 직경이 메시의 짧은 정강이 전체에 이를 정도로 컸지만, 메시의 왼발은 큰 공을 완벽하게 다뤘다. 짧은 다리로 최대한 공이 발에서 멀리 떨어지지 않도록 잔터치를 구사했다. 꼬마 메시의 컨트롤에 대해 마티아스는 "아름다운 컨트롤이었다. 누구든 한번 보면 다시 가서 자세히 보게 된다"고 설명했다. 메시의 전기를 쓴 발라게는 당시 메시에 대해 "몸의 균형이 뛰어났고, 작은 키 덕분에 공을 컨트롤하면서 속도를 내는 것이 더 수월했다. 이 점에서 나이가 많은 아이들에게 도전했을 때 강점을 보였다"고 평가했다. 오히려 체구가 작고, 다리가 짧았기 때문에 낮은 무게 중심을 통해 몸집이 큰 아이들의 허점을 노려 빈 공간으로 날렵하게 빠져드는 것이 용이했다. 메시 특유의 드리블 스타일이 구축된 것은 그의 약점인 줄 알았던 왜소한 체구와 작은 키, 짧은 다리 덕분이다.

메시는 기자와 가진 인터뷰에서도 자신의 드리블 기술에 대한 비밀을 묻자 "공을 드리블할 때 최대한 발에서 멀리 떨어지지 않도록 집중하고, 상대를 일대일로 대적할 수 있는 상황을 만들려고 한다"고 말했다. 몸집이 작아 힘 대결에서 이기기 어려웠던 메시는 상대의 견제를 피하기 위해 최대한 섬세한 터치를 해야 했고, 여러 명에 둘러싸인 상황을 이겨내기 어려웠기에 본능적으로 상대가 없는 쪽을 파악하고 이동하는 눈치를 터득했다. 기술력과 판단력 양면에서 어린 나이에 생존법을 익힌 것이다.

메시의 인생은 핸디캡과의 싸움이었다. 프로 선수가 된 메시는 일반 성인 남성을 기준으로 한다면 장애가 되는 수준으로 작다고는 할 수 없는 169센티미터의 신장을 갖고 있다. 하지만, 유년기 메시는 성장 호르몬 결핍증 때문에 기대 신장이 훨씬 더 작았다. 메시는 유년기에 자신이 유독 작았던 것을 잊지 않는다.

"난 작았다. 11살이었지만 일반적으로 8~9살 아이들 정도의 체구였다. 그 나잇대에 이미 나보다 큰 아이들도 있었다. 경기장에서나 거리에서 친구들과 함께 있으면 나만 눈에 띄게 작았다. 경기장에 들어가거나 학교에 가거나, 점심시간에 가장 작은 건 늘 나였다. 나머지 아이들과 많이 달랐다. 치료가 끝날 때까지 계속 그랬는데, 그 뒤로는 정상적으로 클 수 있었다."

　작은 체구가 기술력 증진에 도움이 된 것은 사실이지만, 스포츠 과학의 발전과 체력, 지구력 및 근력 싸움이 심화되는 현대 축구에서 살아남기 위해서는 최소한의 신체 조건은 충족해야 한다. 메시가 종종 헤딩으로도 멋진 골을 넣을 수 있는 것은 그의 탁월한 위치 선정과 축구 지능 때문이지만, 169센티미터까지 자라지 못했다면 메시가 세계 최고의 자리에 도달하는 과정은 더 힘겨웠을 것이다. 호르몬 치료는 메시가 작은 체구라는 핸디캡을 기술적으로 극복한 것뿐 아니라 물리적으로도 극복할 수 있도록 도움을 주었다. 혼자 힘으로 모든 장애를 극복할 수는 없다.

　1997년 1월 31일, 만 9세 6개월이 된 메시는 또래보다 더딘 성장 때문에 병원을 찾아 검사를 받았다. 127센티미터에 불과했던 메시의 키가 단순히 다른 아이들보다 성장이 늦은 것인지, 아니면 실제로 성장 호르몬에 문제가 있기 때문인지를 확인하기 위해서였다. 6개월 뒤에 나온 검사 결과는 부정적이었다. 성장 호르몬이 전혀 생성되지 않고 있었던 것이다. 메시는 곧바로 치료에 들어갔고, 하루에 한 번씩 피하주사를 맞아야 했다. 일 년에 한 번을 맞아도 자지러지게 우는 아이들이 많다. 담당의 디에고 슈와르츠슈타인Diego Schwarzstein 박사와 면담에서 "축구 선수가 되고 싶다"는 이야기를 수차례 했던 메시는 자신의 꿈을 위해 기꺼이 주사를 맞았다. 스스로 방에서 주사를 놓을 정도로 용감했다. 축구 선수가 되고 싶다는 일념으로 묵묵히 고된 치료를 감내했다.

메시가 직접 허벅지에 놓은 주사는 잉크 주입식 볼펜과 같은 모양이었다. 주삿바늘이 보이지 않는 형태로 아이들이 위화감을 갖지 않도록 제작되었다. 꼭 허벅지에 맞아야 하는 것은 아니었다. 팔을 비롯해 자신이 편한 부위에 놓을 수 있었는데, 메시는 다리에 놓는 것을 선호했다. 통증은 모기에 물리는 정도의 따끔한 정도였는데, 아이에 따라 쉽게 진행하기도 하지만 그렇지 못한 아이들도 적지 않았다. 메시의 경우는 확고한 목표의식을 갖고 있었기에 강한 전자에 속했다.

"주사기를 늘 가지고 다녔고, 쓰고 나면 냉장고 같은 박스에 넣어서 보관했다. 친구집에 가도 빼놓지 않았다. 매일 밤 대퇴부 근육에 찔러넣었는데, 하루씩 다리를 바꿔가며 주사를 놓았다."

어린 메시에겐 통증의 강도와 관계없이 정신적으로 매우 힘든 시간이었을 것이다.

메시는 슈와르츠슈타인 박사에게 "제 키가 더 클 수 있을까요?"라고 물은 적이 있다. 슈와르츠슈타인 박사는 "마라도나보다 더 클 거야. 마라도나보다 더 위대한 선수가 될지는 모르겠지만 키는 확실히 더 클 거야"라고 농담을 섞어 답해주었다.

슈와르츠슈타인 박사의 말은 틀리지 않았다. 고통 뒤 열매는 달콤했다. 치료를 시작한 1997년 1월 127센티미터에 불과했던 메시는 1년 만에 5센티미터가 커 132센티미터가 됐고, 만 12세가 되었을 때는 148센티미터까지 자랐다. 메시는 만 14세까지만 호르몬 치료를 받았는데, 만 15세가 되었을 때 162센티미터로 컸고, 성인이 된 후에는 마라도나167센티미터보다 큰 169센티미터까지 자랐다.

메시는 드리블을 할 때 몸의 중심에서 공을 70센티미터 이상 떨어트리지 않는다. 항상 공의 방향을 바꿀 수 있는 거리에 두고 통제하고 있다. 상대 수비수가 공을 빼앗기 위한 움직임을 취하는 순간 곧바로 방향을 바꿔 대응할 수 있는 상황에서 전진한다. 이런 컨트롤이 가능한 것은 고작 0.2초 사이에 두 차례나 공을 터치할 수 있을 정도로 빠른 발놀림을 할 수 있기 때문이다. 이러한 발놀림을 최고 속도로 달리면서 시도하고 있는데, 이는 몸 전체의 균형, 스포츠에서 이야기하는 코디네이션이 뛰어나기 때문에 가능하다. 메시가 무시무시한 속력을 유지하면서 공을 섬세하게 다룰 수 있는 것은 균형 감각이 좋기 때문이다. 키가 크지 않아 무게 중심이 낮았기 때문에 어려서부터 중심을 잡고 빠르게 방향을 전환하는 동작을 능숙하게 구사하며 익혔다. 메시는 빠르게 달리다가 수비수를 마주하면 양손을 뒤로 크게 젖히며 급브레이크를 밟을 때 몸이 휘청거리지 않도록 중심을 잡고, 수비수가 함께 멈추면 다시 앞으로 몸을 숙이며 속도를 내고 치고 들어가는데, 이러한 전환 동작이 빠를 수 있는 것도 체구가 작기 때문에 더 유리하다.

메시와 더불어 세계 최고의 선수로 꼽히는 포르투갈 공격수 크리스티아누 호날두의 경우 다리가 길어 공을 치고 달릴 때 속력을 내는 것이 공을 단거리로 치고 달릴 때보다 더 빠르고, 치고 달리다가 수비수가 달려들어도 근육량이 많기 때문에 힘으로 밀어붙여 공을 지배할 수 있다. 이러한 강점이 있기 때문에 메시보다 짧은 볼터치에 집착할 필요가 없다. 신체적 특성을 살린 역습 공격 상황에선 호날두가 더 효과적인 경우가 있다. 호날두 역시 어린 시절에는 왜소한 체구에 키가 작아 '작은 벌'이라는 별명으로 불렸는데, 그렇기 때문에 탁월한 신체 조건에도 드리블 기술이 우수한 선수가 될 수 있었다. 키가 크고 체구가 좋아지면서 스타일이 바뀌었다. 호날두는 드리블 시 공을 1미터 이상 치고 나가기도 한다. 다만 이로 인해 상대의 집중 견제로 극소의 공간에서 드리블을 해야 하는 상황이 오면 때로는 통제력을 잃는 경우가 있다. 메시는 성인이 된 후에도 평균 이하의 체구에 불과해 어린 시절의 스타일을 꾸준히 이어가 드리블 분야에서 역대급 선수가 될 수 있었다. 반면 호날두는 신체 조건의 발달로 헤딩, 슈팅, 스프린트 등 운동 능력을 강화시켜 다른 무기를 만들었다. 유망주 시기에 나란히 테크니션으로 주목받았지만, 성인이 된 후 달라진 이유다.

어린 나이에는 체구가 작은 편이 오히려 신체 조건에 의지하지 않고 기술 자체에 집중할 수 있는 환경이 될 수 있다. 또래 아이보다 클 경우 힘과 스피드로 수비를 제칠 수 있지만, 나이가 들어 상대 수비수들의 신체 조건이 발달하고, 정작 자신의 신체 조건은 그에 맞춰 더 강화되지 못한다면 도태될 수 있다. 실제로 유소년 선수로 두각을 나타내다 성인이 되어 프로로 성공하지 못한 경우는 어린 나이에 피지컬을 강조하는 스타일의 선수인 사례가 많다. 메시 스스로도 "다른 아이들보다 작다는 것은 더 빠르고 더 날렵하다는 것을 뜻한다. 그 점이 내가 축구를 할 때는 더 도움이 되었다"고 인터뷰에서 밝힌 바 있다.

성인이 된 메시는 공을 어떻게 하면 짧게 치면서 드리블할 수 있는지, 어디로 가야 상대의 견제를 최대한 피할 수 있는지를 머리로 계산하고 생각하지 않아도 본능적으로 실행할 수 있는 능력을 갖췄다. 자동적으로 수행된다. 아주 어린 나이에 가졌던 핸디캡이 준 선물이다.

"이 경험을 통해서 배운 것은 처음에는 나쁘고 안 좋은 일도 아주 긍정적으로 바뀔 수 있다는 점이다. 대단한 일을 해냈고, 그러기 위해 많은 훈련과 노력이 필요하다는 것을 배웠다."

축구 선수들이 남긴 명언 중에 메시의 한 마디도 늘 빠지지 않는다. "모든 단점은 장점이 될 수 있다"는 것이다.

⋮

MESSI THEORY

"단점이 강점을 키운다"

축구 전술은 '짧은 담요'와 같다는 말이 있다. 머리를 덮으면 발이 나오고, 발을 덮으면 머리를 가릴 수 없다. 몸 전체를 덮을 수는 없다는 뜻으로, 어느 한 부분에 신경을 쓰면 다른 부분에 허점이 생길 수밖에 없음을 표현한 것이다. 마찬가지로 완벽한 사람도, 완벽한 선수도 없다. 키가 크면 공중볼 선점에 능하지만, 무게 중심이 높아 공을 섬세하게 다루기 어렵거나 순발력에 문제가 생긴다. 키가 작으면 공을 다루기 좋지만 공중볼 다툼에 불리하고, 힘겨루기에도 밀릴 수 있다. 중간 체구의 경우 양면에서 균형 있게 잘할 수 있지만, 더 큰 선수나 더 작은 선수에 비해 특장점이 없다는 단점이 있다. 즉, 각자 가진 신체 조건하에서 자기만의 장점을 특화하는 것이 중요하다.

메시는 왼발잡이다. 오른발로 공을 처리하는 능력도 준수하지만, 대부분 중요한 슈팅과 패스 및 볼 컨트롤을 왼발로 한다. 어려서부터 왼발을 써왔다. 프로 선수로 데뷔한 이후 메시는 조금씩 오른발 능력을 향상시켰고, 오른발로 공격 포인트를 올리는 빈도를 늘려왔다. 그러나 어린 시절에는 취약한 부분으로 꼽히는 오른발을 강화하기 위한 별도의 훈련을 하지 않았다. 유소년 클럽 그란돌리에서 메시를 직접 지도한 부친 호르헤도 메시에게 오른발 능력을 향상시키라는 지시를 내리지 않았다. 메시가 자유롭게 공을 다루고 드리블하도록 했다. 메시는 드리블 과정에서 고집스럽게 왼발만을 고집하는 스타일이 아니었기에 특별한 문제를 느낄 필요가 없기도 했다. 유소년 시절에는 오른발 슈팅으로도 프리킥 득점을 할 수 있었을 정도로 특별히 오른발이 부정확한 것도 아니었다. 메시는 약점을 보완해야 한다는 강박 없이 자연스럽게 자신이 잘하는 기술을 갈고닦았다. 오른발과 왼발을 평균적으로 같은 수준으로 만들기보다, 최고의 왼발을 만드는 것에 일차적으로 노력을 기울였다.

오른발에 대해서는 스스로 문제를 느끼고 자발적으로 개선을 위한 노력을 했을 때 성과가 더 좋았다. 오히려 메시가 왼발을 더 잘 쓴다는 사실을 공략하려 한 상대에게 오른발도 생각보다 뛰어나다는 점은 뜻밖의 효과를 내기도 했다. 부족한 부분을 채우기 위해 시간을 쏟기보다 내가 잘하는 것을 더 잘하는 데 시간을 쏟는 것이 자신만의 장점을 구축하는 지름길이다.

:
:

실전 적용 TIP

"핸디캡 놀이로 기술을 단련하라"

최근 육아계의 이슈는 태교를 넘어 임신 이전의 출산 계획으로까지 확장되었다. 빠른 연생1~2월생이 전년도 3~12월생과 같은 학년으로 학교에 들어가 동기생이 되면서 생긴 현상이 사라진 한국에서 연초에 아이를 낳아야 또래 사이에서 앞서갈 수 있다는 이야기 때문이다. 1, 2월생과 11, 12월생은 같은 나이지만 신체 발달 상황에 있어선 현격한 차이가 날 수밖에 없다. 성인이 된 후에는 1, 2살 터울은 구분하기 어려울 정도로 별다른 차이가 없지만, 성장기 아이들의 경우 키와 힘, 학습 능력에 있어서 압도적인 차이가 나는 경우가 많다. 초등학교 저학년 시기에는 시험 성적이 장래에 영향을 주지 않지만, 수업 시간, 특히 체육 시간에는 경쟁 상황에서 앞서는 아이와 뒤처지는 아이가 구분될 수밖에 없다. 앞서가는 아이는 자신감을 바탕으로 해당 분야에 더 큰 흥미를 느끼고 발전하게 되는 반면, 뒤처지는 아이는 자신감을 잃고 흥미를 잃게 될 수 있다. 이 차이가 심리적으로 장래에 큰 영향을 미치게 된다.

특히 유소년 및 청소년 시기의 체육에서는 연령별 대표 선수를 선발할 때 일찍 태어난 아이가 더 많이 선발되는 경향을 보인다. 이렇게 뽑힌 아이들이 모두 성인 시기까지 앞서는 것은 아니지만, 더 많은 경험과 더 좋은 수준의 교육을 받을 수 있는 기회를 얻게 된다. 이러한 불이익을 피하기 위해 자녀가 연초에 태어나길 선호하는 부모들이 늘고 있다. 하지만, 세상 모든 일은 계획대로 되지 않는다. 임신과 출산은 더더욱 그렇다. 모든 아이가 1, 2월에만 태어날 수는 없는 일이다. 게다가 1, 2월생으로 태어났다고 하더라도 발육상 앞서기 때문에 동년배보다 돋보일 수 있었던 점을 알고 자만에 빠진다면 토끼와 거북이의 우화가 주는 교훈처럼 역효과가 발생할 수 있다. 운동 분야에서는 그럴 가능성이 더 크다.

스페인 대표 선수로 유로2008 대회와 2010 남아공월드컵 우승을 이끈 다비드 비야는 매우 예리한 왼발 슈팅 능력을 갖췄다. 비야는 사실 오른발잡이였다. 축구계에는 양발잡이가 흔치 않고, 양발을 다 쓰더라도 주로 쓰는 발이 아닌 쪽의 정확성과 세기는 떨어지는 편이다. 비야는 오른발잡이임에도 때론 왼발로 더 강력한 슈팅을 만들어내곤 한다. 비야가 뛰어난 왼발 능력을 갖춘 것은 유년기에 오른발을 다친 시기가 있었기 때문이다. 오른발을 쓸 수 없는 상황에 아버지와 함께 왼발로만 공을 차며 근력과 감각을 유지하려 했다. 결국 오른발이 다 나은 뒤에는 왼발로 공을 더 잘 차는 경지에 이르렀다.

한국 축구 선수 중 역대 최고의 왼발 능력을 갖춘 미드필더 염기훈의 경우도 비슷하다. 본래 오른발잡이였던 염기훈은 여섯 살의 어린 나이에 사촌 형이 운전한 자전거의 뒷자리에 탔다가 오른발 엄지발가락이 뒷바퀴에 말려들어 가면서 다친 일이 있었다. 당시에도 동네에서 공차기를 즐겼던 염기훈은 치료 이후 오른발로 공을 찰 수 없게 되자 왼발로 공을 찼고, 그 뒤로도 쭉 왼발을 쓰면서 왼발잡이가 됐다. 부족한 오른발을 단련하고자 하는 시도가 실전 경기에 효과를 내지 못하자 집중적으로 자신 있는 왼발 킥을 더 잘 차기 위해 노력했다. 황혼기에 접어든 뒤에도 염기훈이 승승장구할 수 있었던 것은 어느 누구도 따라올 수 없는 정밀한 왼발 킥 덕분이었다. 2015시즌 수원삼성 소속으로 염기훈은 공식 경기 10연속 공격 포인트를 올렸다. 모두 왼발 킥으로 이룬 성과였다.

염기훈은 "내가 잘하는 것을 더 잘하는 것이 도움이 될 수 있다"며 약점을 보완하려는 노력보다 강점을 강화하기 위해 시간을 쓰는 것을 권했다. 또 다른 왼발의 달인 고종수 수원삼성 코치도 "한국 선수들은 모든 능력을 평균적으로 만들려다 보니 자신만의 개성이 없는 경우가 많다. 어떤 선수라고 하면 바로 떠오를 수 있는 필살기가 있어야 한다. 그러기 위해선 내가 못하는 것에 신경 쓰기보다 강점을 찾아내고 발전시키는 것에 더 신경 써야 한다"고 주장했다. 약점이 강점을 더 두드러지게 만들 수 있고, 강점이 약점을 덮을 수 있다.

오른발잡이 선수들이 어느 정도 왼발로도 킥을 할 수 있지만, 왼발잡이 선수들은 오른발이 아예 젬병인 경우가 많다. 세계적인 스타들 가운데도 그런 경우가 많다. 왼발잡이인 메시도 오른발을 통한 득점이나 어시스트는 많지 않은데, 프로 선수로 전성기에 도달한 이후 개인적 노력을 통해 오른발 능력을 끌어올렸다. 네덜란드 윙어 아리언 로번도 그렇다. 오른발잡이인 호날두도 성인이 된 이후 왼발 킥을 단련해 일정 수준까지 발전시켰다. 하지만 주로 쓰는 발만큼 잘하지는 못했다. 결국 유년기의 단련이 중요하다. 어린 시절 비야와 같은 상황을 가상으로 설정한 핸디캡 놀이를 통해 약한 부분을 강화한다면 효과를 볼 수 있다.

어떤 발을 쓰느냐의 문제를 떠나 또래보다 체구가 좋은 아이의 드리블 능력을 발전시키기 위해 더 몸집이 큰 아이들을 상대하게 하여 신체 조건에 의존하지 않은 기술을 발전시키도록 할 수도 있다. 운동 분야를 넘어 핸디캡이 주어진 상황, 제약이 있어 불편한 상황에서 평소 쓰지 않던 다른 능력을 발전시킬 수 있다. 시각장애인이 매우 뛰어난 청력을 갖는 것처럼 불편한 상황 속에 인간은 특별한 능력을 지닐수 있게 된다. 아이의 상황에 맞게, 발전시키고 싶은 능력에 맞게 흥미로운 핸디캡 놀이를 진행한다면 비범한 자신만의 기술을 연마하게 할수 있다.

"자유롭지 않아서 자유인이 된 모차르트"

모차르트는 자유로운 영혼을 가진 음악인으로 유명하지만, 엄격한 신분제가 지배했던 18세기를 살았던 그는 자유롭지 않은 자유인이었다. 오스트리아 잘츠부르크는 피지배자들을 위한 의료와 교육을 보장하는 개혁을 단행했고, 시민의 결혼을 허용하고 보헤미아의 농노제를 철폐하는 등 평등한 근대 사회로의 변화를 겪고 있었다. 잘츠부르크는 상업도시로, 사업이 주요 경제 수단이었다. 주민 가운데 건실한 직업을 가진 사람들은 시민으로 인정받았다.

당시 이들은 500여 가구에 불과했다. 이들에게 관직에 나갈 권리와 도시 통치의 권리가 주어졌다. 그러나 황제와 귀족이 존재하는 시대였기에 완전한 민주주의와 자유주의가 도래한 시대는 아니었다. 귀족이 될 수 있는 기회가 뛰어난 관리와 공무원, 제조업자, 상인 등에게도 확대되기는 했으나, 모차르트와 같은 악사의 위치는 귀족의 궁정이나 성직자의 궁정에 속한 하인의 신분이었다. 물론 프리랜서와 같은 자유 음악인으로 살 수도 있지만, 이 경우 경제적 궁핍을 피할 수 없고, 음악 활동을 위한 경제적 기반도 얻을 수 없었다. 다만 당시 사람들이 워낙 음악을 좋아했기 때문에 음악인들에 대한 대우가 좋았다. 하대를 받는 경우가 거의 없었다.

이와 자유는 별개였다. 모차르트 가문은 대주교에 속한 신분으로, 그의 허락 없이는 어떤 것도 자유로이 결정할 수 없었다. 이러한 속박이 모차르트로 하여금 더 왕성한 작곡 활동, 고향 잘츠부르크에 머물지 않고 최대한 많은 곳을 다니며 견문을 넓히고자 하는 의지의 발현을 이끌었다. 모차르트는 연주를 위한 모든 여정에 대주교의 허락을 받아야 했다. 당시 유럽의 예술가들, 음악가, 화가, 문학가, 조각가 등은 왕족과 귀족 등 부와 명예를 갖춘 후원자들의 돈으로 생계를 유지했다. 몇몇의 예외를 제외하고는 이들이 제공하는 후원금으로 작품 활동을 했기 때문에 이들이 원하는 방향성을 작품에 담을 수밖에 없었다. 물론 독자적 철학을 펼친 작품도 있었지만, 온전한 자유의지로 모든 활동이 이어진 것은 아니었다. 모차르트 부자도 궁정 악사로 일하며 대주교의 후원 속에 생계를 유지했다. 고용관계에 있었기에 모든 활동에 허락을 얻어야 했다.

첫 번째 대주교는 지기스문트 슈라텐바흐였다. 그는 모차르트 가족의 연주 여행을 위한 장기간 휴가 및 비용 지원을 아끼지 않은 호의적 인물이었다. 모차르트가 가는 곳마다 잘츠부르크 출신으로 지역의 위상을 높인 홍보대사 역할을 했기 때문에 기뻐했다. 문제는 1772년 12월 지기스문트 대주교가 사망하고부터 생겼다. 히에로니무스 콜로레도 대주교가 잘츠부르크에 부임했는데, 오만하고 깐깐한 성격의 행정가로 부정적인 평판이 적지 않던 인물이다. 당시 잘츠부르크의 경제가 좋지 않아 콜로레도 대주교는 조세를 개혁해 세금을 올리고 대학교에도 유명 교수를 영입하는 한편 대학생들이 학업에 매진하도록 각종 오락 활동을 엄격히 제한하는 제도를 만들었다. 모차르트에게는 제2 콘체르트마이스터라는 궁정의 직책이 주어졌다. 부친 레오폴트도 카펠마이스터까지 직책이 올라갔다. 두 부자는 매달 월급을 받으며 안정적으로 생계를 유지할 수 있었다.

콜로레도 대주교 역시 음악 애호가였고, 연주에 능한 인물이었다. 이것은 장단이 있었다. 모차르트는 그 어느 때보다 많은 작업을 해야 했다. 협주곡, 미뉴에트, 현악사중주 등 대주교의 주문량, 그리고 자신이 독자적으로 떠올린 음악을 만들며 이 시기 활발한 활동을 했다. 교향곡 여섯 곡, 바이올린 협주곡 다섯 곡 등이 이 시기에 나왔다. 여기에 미사곡도 상당히 많이 썼다. 다양한 교회 행사를 위해 갑작스레 써야 하는 일들이 많았다. 보잘 것없어 보이는 주문과 작업에 대해서도, 많은 양의 주문에도 모차르트는 어느 한 곡을 허투루 쓰지 않았다. 그 스스로도 자신이 작업한 교회음악에 대해 상당한 자부심을 가졌고, 세간의 호평도 이어졌다. 1773년에 나온 합창곡 〈환호하라, 기뻐하라(Exsultate, jubilate) K.165〉가 대표적이다.

모차르트의 직책은 보수가 높지 않은 대신 자유시간이 많아 개인적인 시간이 많았다.

콜로레도 대주교의 배려가 묻어 있는 직책이었다. 깐깐하고 고압적인 자세의 사람이긴 했지만 음악 여행을 위한 모차르트의 장기 휴가 요청을 상당 부분 들어주었다. 다만 부친과 함께 떠나기 어렵도록 둘 중 한 명에게만 휴가를 허락을 하거나, 첫 번째 요청은 거절한 뒤 재차 요청했을 때 허락하는 경우가 많아서 모차르트는 불쾌한 마음을 갖게 되는 일이 많았다.

모차르트는 곡을 쓰기 위한 영감을 위해 자유로운 여행이 필요했다. 모차르트는 "여행 중에, 차 안에서, 멋진 식사 후에, 산책 중에, 혹은 잠 못 이루는 밤에 내게는 아이디어들이 가장 잘 떠오른다"고 했다. 더불어 음악적으로 정체되었다는 이유로 고향 잘츠부르크를 떠나고 싶다고 말했다. 극장도 부족하고 유능한 가수도 없기 때문에 자신의 작품을 펼쳐 보이는 데 아쉬움이 크기도 했다.

그가 골몰하던 오페라(대본작가, 연출가, 가수, 오케스트라 연주자와 협력하며 장기간 제작하는 데다, 무대 제작 등 거액의 돈이 들기 때문에 후원자로부터 위촉을 받아야 하고, 작품을 상영할 수 있는 인프라가 갖춰진 도시에서만 제작이 가능하다)는 잘츠부르크 지역에서 거의 발달하지 못했다. 모차르트는 외국 도시에서 더 많은 돈을 벌며 자유롭게 살고 싶다는 꿈을 꿨다. 이를 통해 더욱 다양한 문화권의 사람을 만나고 배우고, 친해지는 과정에 더 열정적으로 달려들었을 수 있다. 모차르트는 "상대가 황제라고 하더라도 오직 내 행위와 행동에 의해서만 움직일 뿐"이라고 말했다.

모차르트는 떠나기를 바랐지만, 노인이 된 부친 레오폴트의 마음 한편에는 고향 잘츠부르크에 안정적으로 자리를 잡고자 하는 마음이 있었다. 잘츠부르크에 기반을 두고 아들 모차르트를 자신의 뜻대로 통제하고자 하는 마음도 없지 않았다. 모차르트가 외국에 나가 활동하는 것에는 절대적으로 지지했으나, 활동 기반 자체를 바꾸는 것에는 보수적인 생각이었다.

모차르트는 콜로레도 대주교 아래에서 10년의 시간을 더 보내고 나서 몇몇 충돌 끝에 결별하고 무소속 음악인으로 자유를 얻을 수 있었다. 튜튼기사단 건물에서 벌어진 언쟁 끝에 대주교에게 발길질을 당했고, 그 길로 종속 관계가 끝났다. 자유롭지 않았고, 그 점에 대한 강박이 컸기 때문에 모차르트는 누구보다 자유를 열망했다. 신분 때문에 자신을 가둔 속박에 지지 않고 재기 넘치는 음악을 만들 수 있었다. 그러나 정작 자유를 얻은 뒤에는 극심한 경제적 어려움을 겪게 되었다. 무리한 연주 여행으로 인해 더더욱 부자유스러운 인생을 살았던 것은 아이러니다.

최고의 유소년 육성 기관 라 마시아에서 배웠다

아무리 좋은 가정교육을 받았다고 하더라도, 사춘기에 접어든 아이는 집보다 밖에 있는 시간이 길기 때문에 이 시기의 학교교육이 성인 이후의 삶에 큰 영향을 미칩니다. 학교에 들어가면서 아이가 어떤 친구를 만나고 어떤 선생님을 만나느냐에 따라 인생의 큰 방향이 결정됩니다. 아이의 관심사와 성격에 지대한 영향을 미치는 학교생활의 모든 변수를 통제할 수는 없습니다. 그렇기 때문에 부모로서 최소한 해줄 수 있는 것은 평판이 좋은 학교에 보내는 것입니다. 아이의 1차 사회화가 가정에서 이루어진다면, 2차 사회화는 학교에서 이루어집니다.

이미 한국에서는 대학교와 중고등학교를 넘어 초등학교와 유치원, 어린이집에서조차 치열한 '입학 경쟁'이 펼쳐지고 있습니다. 그러나 이러한 입학 경쟁은 진정한 배움을 위해서라기보다는 다음 단계의 학교, 더 높은 수준의 학교에 들어가기 위한 '시험 성적 올리기'에 집중되어 있습니다. 한국 학원 축구의 현실도 마찬가지입니다. 초등학생 축구 선수는 명문 중학교에, 중학생 축구 선수는 명문 고등학교에, 고등학생 축구 선수는 명문 대학교에 진학하는 것이 최우선 목표인 현실입니다. 학생들이 지식을 이해하고 흡수하기보다 문제 풀이의 전문가가 되는 것처럼, 선수들도 축구 자체를 잘하기보다 경기에 이기는 전문가가 될 뿐입니다. 이론적 지식에 대한 이해와 뿌리가 얕다 보니 진학이라는 당면한 과업이 사라지면, 벼락치기로 쌓은 지식은 휘발되고 맙니다. 좋은 교육이 필요한 이유입니다. 좋은 선생님과 동료와 함께 아름다운 추억을 쌓으며 자신의 관심 분야에 매진하고 익히는 것이야말로 최고가 되는 지름길입니다. 그러기 위해서 좋은 환경의 학교를 만나야 합니다.

탁월한 개인 기술을 갖춘 메시가 더 큰 성공을 거둘 수 있었던 또 다른 배경은 프로 선수로 성장하기 전 유소년 축구 교육에 있어서 최고라는 평가를 받고 있는 스페인 FC바르셀로나의 유소년 시스템 속에서 성장한 점입니다. 메시는 이미 최고의 선수가 될 수 있는 기술을 갖추고 있었으나, FC바르셀로나에서 좋은 지도자와 동료들을 만나면서 자신의 강점을 가장 잘 발휘할 수 있었습니다.

"최고의 환경을 제공한 라 마시아"

널리 알려진 대로, 아르헨티나 명문 축구 클럽 뉴웰스올드보이스의 유소년 팀에서 주목을 받으며 성장하던 메시가 스페인 바르셀로나로 건너간 이유는 성장 호르몬 결핍증 치료비 문제 때문이다. 메시의 부친 호르헤의 당시 월급은 1,600페소였다. 월 치료비로 나가는 돈이 900페소^{한화 약 150만 원} 상당으로 월급의 절반을 넘는 액수였다. 치료 초기 2년 동안은 문제가 없었다. 호르헤가 다니던 기업 아신다르는 지자체가 소유한 공기업으로, 사내 사회 보장 서비스를 통해 치료비를 충당할 수 있었다.

그러나 치료 3년째가 되면서 상황이 달라졌다. 2000년 아르헨티나는 디폴트를 선언할 정도로 극심한 경제 위기를 겪었다. 호르헤가 재직 중인 아신다르도 정부의 복지 서비스가 무너지면서 치료비 지원을 할 수 없는 상황이 됐다. 호르헤는 뉴웰스 구단 측에 성장 호르몬 결핍증 치료비를 지원해줄 수 있는지 문의했다. 축구 클럽 역시 재정 상황이 좋지 않은 상황이었기 때문에, 장기 투자가 필요한 데다 성공이 보장되었다고 할 수 없는 어린 나이의 선수에게 만만치 않은 고정 비용을 지출하는 것을 결정하는 것은 쉽지 않았다. 망설이는 구단을 설득한 것은 메시를 직접 가르치고 있던 유소년 지도자들이었다. 적극적인 설득에 뉴웰스는 메시의 치료비를 지원하기로 결정하고 답을 주었다.

그러나 막상 약속한 기일이 되자 입금이 되지 않았다. 호르헤는 몇 번이나 구단을 찾아가 돈이 들어오지 않았다고 요청을 해야 했다. 그래도 입금이 되지 않자 호르헤는 결국 메시에게 관심을 보이던 다른 축구 클럽을 찾아가기로 결심했다. 성장 호르몬 치료비 지원이라는 조건을 걸고 협상을 시작했다.

메시는 아르헨티나 최고 명문 클럽 중 하나인 리버플레이트River Plate의 유소년 입단 테스트에 참가했고, 단 두 번의 터치만으로 이미 리버플레이트 관계자들의 마음을 사로잡았다. 자신보다 훨씬 더 큰 덩치의 수비수들을 농락하는 그의 플레이에 매료된 것이다. 그러나 계약 과정에 이르러서는 난관이 있었다. 1차 테스트 뒤에는 뉴웰스에 이적료를 지불해야 한다는 사실에 난색을 표했다. 이후 2차 테스트에서 메시가 10골을 몰아치며 자신이 속한 팀의 15-0 승리를 이끌자 리버플레이트의 유소년 지도자들도 입을 모아 새로운 마라도나와의 계약을 종용했다. 그러나 리버플레이트는 이미 자체적으로 보유한 유망주가 많고, 메시의 체구가 너무 작다는 점 때문에 끝내 고비용 투자를 마다했다. 리버플레이트는 그렇게 아르헨티나 축구 불멸의 스타를 영영 놓치게 되었다.

메시 부자에겐 상심이 된 일이었지만, 결국 이 일은 전화위복이 되었다. 우선 메시가 리버플레이트의 테스트를 받은 것을 알게 된 뉴웰스 측이 400페소의 치료비를 입금했다. 그러나 월 고정 치료비의 절반도 되지 않는 액수였다. 더 좋은 일은 그 뒤에 벌어졌다. 리버플레이트에서 진행한 입단 테스트를 본 에이전트가 많았다. 월급까지 삭감되고 있는 상황에서 호르헤는 이탈리아 이민을 고민하고 있었는데, FC 바르셀로나와 밀접한 관계를 맺고 있는 에이전트 주제프 마리아 밍겔라Josep Maria Minguella가 연락을 취해왔다. 카탈루냐 출신인 밍겔라는 마라도나의 바르사 입단을 성사시킨 인물로 바르사 수뇌부와 수년간 좋은 관계를 유지하고 있었다. 밍겔라는 메시의 재능을 단번에 알아보고 메시가 바르셀로나로 건너가 테스트를 받는 비용 전부를 지원하겠다고 나섰다.

밍겔라의 투자는 틀리지 않았다. 2000년 10월, 바르셀로나 유소년 팀 훈련장에서 메시는 첫 번째 테스트 경기에서 패스하라는 코치의 지시 대신 돌파하라는 부친의 지시에 따라 모든 선수들을 드리블로 따돌리며 탁월한 기술을 과시했다. 15일간 머물며 여러 차례 경이로운 드리블을 보여준 메시는 당시 바르사 단장이었던 카를라스 레샤크Carels Rexach의 마음을 사로잡았다. 당시 메시는 아르헨티나로 돌아가야 했고, 공식적인 계약을 맺기 위해서는 내부 논의가 필요한 상황이었는데, 레샤크는 모든 문제를 처리한 뒤 다시 메시를 부르겠다고 약속했다.

메시의 능력에 대해선 의심의 여지가 없었다. 레샤크뿐 아니라 유소년 아카데미 디렉터 조아킴 리페Joaquim Rife와 유스 시스템 디렉터 조안 라쿠에바Joan Lacueva도 메시 영입 찬성파였다. 문제는 소시오 제도에 따라 선거를 통해 당선이 결정되는 바르사의 구조에 있었다. 당시 바르사 1군 팀은 고전을 면치 못하고 있었고, 아직 만 13세의 소년을 영입하고 투자하는 것이 현 회장의 재임기 내에 이뤄질 수 없는 일이었기에 반대하는 이사가 적지 않았다. 아르헨티나 국적의 메시를 영입해 키우기 위해서는 메시 부모의 직업을 구해주고, 이들의 거주지도 바르셀로나에 마련해줘야 했다. 게다가 성장 호르몬 결핍증 치료비도 지원해야 했다. 문제는 이뿐만이 아니었다. 메시의 바르사 입단 테스트를 지켜본 AC밀란, 아틀레티코마드리드, 레알마드리드와 같은 경쟁 클럽들이 영입 경쟁에 뛰어들었다. 특히 당시 1군 팀에서 루이스 피구를 데려가며 엘클라시코의 분위기를 더 뜨겁게 만들었던 레알은 메시를 적극적으로 원했다. 당시 레알의 단장은 아르헨티나 출신 호르헤 발다노였고, 발다노는 이미 아르헨티나 내에서도 명성이 자자했던 메시에 대해 잘 알고 있었다.

바르사 유소년 팀의 당시 연간 예산은 1,300만 유로가량이었는데, 메시 영입이 이뤄질 경우 예산 범위를 초과하게 되는 상황이었다. 메시 부자는 테스트 이후 두 달 가까이 공식적인 연락이 없자 초조해졌다. 2000년 12월 14일 계약을 위해 다시 바르셀로나를 방문했을 때도 계약이 이뤄지지 않았다. 호르헤는 당장 사인이 이뤄지지 않는다면 다른 팀을 택할 수밖에 없다는 입장을 전했다. 이에 바르사 단장 레샤크가 그 유명한 '냅킨 계약서'를 내밀었다. 레샤크는 메시 측의 모든 조건을 수용하고, 바르사 유소년 팀 계약을 전적으로 책임지겠다고 적은 뒤 서명했다.

메시 부자가 아르헨티나로 돌아간 후 레샤크는 자신을 지지하는 이사들과 함께 조안 가스파르트 회장을 설득했다. 가스파르트 회장은 "메시에 대한 평가가 과장된 것은 아닌가"라며 신중한 모습을 보였다.

레샤크는 단호했다. "메시와의 계약은 바르사의 미래에 회장님의 이름을 새기는 일이 될 것입니다." 레샤크는 가스파르트 회장이 가장 신임하는 이사 중 한 명이었고, 레샤크의 맹목에 가까운 주장에 결국 계약이 결정되었다. 2001년 1월 8일, 바르사 측이 메시 측에 세부 계약 조건을 제시했고, 1월 15일 공식 레터를 발송했으며, 2월 15일 메시 부자가 바르셀로나로 건너와 3월 1일 계약서에 사인했다.

바르사는 계약을 위한 메시의 여행 비용을 모두 지급했고, 메시 가족이 정착할 집과 메시의 부친 호르헤의 직업아신다르를 퇴사해야 하는 상황인 데다, FIFA의 유소년 이적 규정에 따라 스페인 바르셀로나 현지에서 직업을 가져야 했다. 호르헤는 바르사 클럽 소유 경비 업체 바르나 포터스(Barna Porters)에 취직해 연봉 4만 2,000유로를 받았다을 구해주었고, 성장 호르몬 결핍증 치료비 지원을 모두 계약 내용에 포함했다.

메시 가족의 집은 바르사 홈 경기장 캄노우에서 걸어서 15분 정도 거리인 그란비아 카를라스 3세Gran Via Carles III에 위치한 고급 아파트였다. 바르셀로나 내에서도 부유층 거주지로 유명한 곳으로, 침실 4개, 화장실 2개에 주방과 발코니가 있는 아파트는 나무가 많고 건물 내 수영장까지 딸린 고급 중의 고급이었다. 만 13세의 소년에겐 유례없는 대우였다. 뉴웰스 유소년 지도자들은 메시가 바르셀로나로 떠나자 그를 잡아야 했다고 이사진에 항의했다. 이사진은 당시 만 16세의 나이로 1군 데뷔전을 치른 구스타보 로다스가 있으니 상관없다는 반응이었다. 독자 여러분이 다 아시듯, 로다스는 우리의 기억에 이름을 새기지 못한 채 사라진 선수가 됐다.

"훌륭한 드리블 능력을 갖췄고 공과 함께 달릴 때 아주 빠르다. 무게 중심이 낮아 움직일 때 균형이 좋고, 기술이 뛰어나며 번개 같고, 그 나이에 비해 힘이 좋다. 회복력도 좋다. 8~10차례 스프린트를 매 경기 할 수 있고 빈번하게 골을 노린다. 골잡이다. 영리하고 정신적으로도 민첩하다. 때로는 욕심을 부릴 때도 있지만 그의 경우에는 장점으로 작용한다. 단순 명쾌하고 직관적이며 공격 어느 포지션에서나 뛸 수 있는 다재다능한 선수이기 때문이다. 다만 그는 아주 작다. 그러나 호르몬 치료를 통해 더 크고 있다."

　　　　　　　　　　　　　　　　　- 바르사 유소년 팀의 메시 보고서

　재정적 지원도 충분했지만, 훈련장에서도 메시를 위한 지원은 최고였다. 바르사는 원터치 패스를 통해 플레이를 구축하는 팀인데, 메시가 자유자재로 드리블을 구사하며 경기를 휘젓는 일을 제어하려 들지 않았다. 물론 메시도 라 마시아 안에서 절제와 규율 및 플레이 시스템, 전술적 움직임이 발전했다.

　라 마시아는 메시의 개성을 해치지 않으면서 편안하게 경기를 할 수 있도록 도왔다. 메시는 인판틸A팀14세 이하에서 바르사 유소년 팀 경력을 시작했는데, 당시 팀에 같은 1987년생으로 세스크 파브레가스Cesc Fabregas와 제라르 피케Gerard Pique가 있었다. 파브레가스는 메시가 오기 전까지 바르사 유소년 팀 최고의 유망주로 명성이 높았는데, 메시에게서는 단 한 번도 공을 빼앗지 못했다. 급기야 훈련 중 메시에게 돌파를 당한 뒤 다리를 걸어차는 일까지 발생했다.

　바르사 유소년 팀은 생존 경쟁이 치열하기로 유명하고, 그래서 훈련 중 거친 장면이 빈번히 나온다. 인판틸A팀 감독이었던 로돌포 보렐Rodolfo Borrel은 또래 아이들보다 체구가 작은 메시가 아주 빠르기 때문에 가볍게 미는 것만으로 부상을 당할 수 있다며 동료 아이들에게 너무 거친 수비는 하지 않도록 주의를 줘야 했다. 처음 메시와 접한 바르사 유소년 팀의 아이들은 패스가 아닌 드리블에 집중하는 메시를 이기적이라고 생각했지만, 그가 비범한 재능을 지닌 아이라는 것을 깨닫기까지는 오랜 시간이 걸리지 않았다. 메시를 위한 플레이를 하는 것에 망설이지 않았다. 당시 팀 동료였던 빅토르 바스케스Victor Vazquez는 "우리 팀에 메시가 있어서 다행이라는 것을 다들 깨달았다"고 회상했다. 지도자와 동료 모두 '좋은 축구'와 '바른 성장'에 대한 확고한 철학을 공유하고 있었기에 어린 재능이 잘 클 수 있도록 힘을 합쳤다.

⋮

MESSI THEORY
"네 번의 월반, 가능성을 넓히고 한계를 미리 넘다"

스페인 최고 유망주들이 모인 바르사의 인판틸A팀은 리그 일정 7경기를 남겨둔 채 우승을 확정하기도 했고, 6골에서 8골에 이르는 대량 득점으로 승리하는 경기가 많았다. 메시의 출전 유무와 관계없이 뛰어난 팀이었다. 이에 보렐 감독은 포르투갈에서 열린 폰티냐Pontinha 토너먼트에 인판틸A팀을 2살 더 많은 연령 단계로 출전시켜보기로 했다. 바르사 측의 동의하게 2살 더 많은 팀들과의 시합에 임했고, 메시는 이 대회에 나서 뛰어난 활약을 펼쳤다. 바르사 인판틸A팀은 8개 참가 팀 중 3위를 차지했다. 유소년 단계에서는 한 살 한 살의 차이가 큰데, 2살 정도는 너끈히 커버할 수 있을 정도로 경기력이 탁월했다.

메시는 유년기를 보내며 대부분 자신보다 나이가 많은 선수들 사이에서 활동했는데, 유일하게 더 어린 선수들과 시간을 보냈던 적이 있다. 당시 메시는 스페인 여권을 획득하지 못한 데다, 뉴웰스 측의 국제 이적 동의서 발급 지연으로 친선 경기와 카탈루냐협회 주관 경기밖에 나설 수 없는 상황이었다. 인판틸A팀이 치르던 스페인 유소년 리그에 뛰지 못한 메시는 보다 정기적인 실전 경기 출전 및 훈련 보강을 위해 카탈루냐 리그전을 치르던 한 살 아래 단계인 인판틸B팀에 합류했다. 한 살 더 어린 나이의 선수들 사이에서도 메시는 키가 작은 편이었지만, 기량은 월등하다는 표현이 무색할 정도로 차이가 컸다. 한번은 친선 경기 도중 수비 진영 코너 부근에서 공을 잡고 상대 지역 골문까지 단독 드리블로 치고 들어가 득점을 하기도 했다. 메시는 이런 골을 넣고도 아무렇지 않은 모습을 보였지만 동료들 사이에서는 스타가 되어 있었다. 수준은 낮았지만 꾸준하게 경쟁적인 경기를 치르고, 정기적으로 더 많은 양의 훈련을 할 수 있었던 것은 메시의 경기 감각 유지 및 발전에 도움이 되었다. 바르사는 이렇듯 선수의 기량 향상을 위해 유연한 결정을 내릴 수 있는 지도자와 관리 체계를 갖춘 팀이었다.

공식 경기 출전이 어려운 상황 속에서 다양한 방식으로 부족한 부분을 채운 메시는 2002년 2월에 국제 이적 문제가 해결되어 모든 공식 경기 출전이 가능해졌다. 2001/2002시즌 도중의 일로, 메시는 카데테B팀 소속이었다. 여전히 파브레가스, 피케, 메시가 이끄는 바르사는 유소년 리그의 절대 강자였다.

2002/2003시즌 바르사 1군 팀은 루이스 판할 감독 체제에서 리그 13위까지 추락하며 최악의 시간을 보내고 있었고, 결국 판할 감독과 더불어 가스파르트 회장까지 물러나야 하는 상황에 봉착해 있었다. 그에 아랑곳하지 않고 메시가 속한 카데테A팀은 3-0 승리에도 만족하지 못하는 '득점 기계'로 기능했다. 메시는 팀의 최전방 공격수 바스케스31득점보다 많은 36골을 몰아쳤는데, 2002/2003시즌이 메시가 처음으로 공식 리그를 풀시즌으로 치른 해였기 때문이다. 당시 메시는 주로 측면 공격수로 기용되었으나 최전방 공격수 위치에서 가짜 9번 역할을 맡거나, 공격형 미드필더로 뛰는 등 여러 유소년 지도자를 거치며 다양한 포지션을 소화했다. 이는 한 선수에게 다양한 포지션을 경험하게 하는 당시 라 마시아의 기조에 따른 것이기도 했고, 메시 본인이 다양한 영역에서 영향력을 보이고 싶어 했기 때문이기도 하다. 메시가 여러 위치에서 뛸 수 있도록 적극적으로 변화를 유도하고, 용인해준 바르사의 얽매임 없는 육성 방식은 효과적이었다.

2002/2003시즌의 바르사 카데테A팀은 아스널 스카우트진의 집중적인 관찰을 받았고, 메시, 피케, 파브레가스는 모두 아스널 관계자와 접촉했다. 이 과정에서 파브레가스가 결국 아스널로 둥지를 옮겼다. 메시는 바르사에 남는 것을 선호했는데, 2003/2004시즌 메시는

1년간 무려 4차례나 월반을 하게 된다. 만 16세가 된 메시는 후베닐B 팀에서 시작해 후베닐A, 바르사C, 바르사B팀에 이어 바르사 1군 팀까지 초고속으로 프로의 영역에 도달했다. 이 시기 바르사는 조안 라포르타 회장 체제로 변혁기를 맞고 있었다. 메시와의 계약은 전임 회장 가스파르트의 업적이지만, 라포르타 회장은 메시가 바르사의 장기 성장 동력이라는 것을 잘 알아봤다. 새롭게 유소년 디렉터로 부임한 조안 콜로메르Joan Colomer와 바르사B팀 감독 기예르모 오요스 Guillermo Hoyos는 메시의 특별함을 알아차리기 위해 많은 시간이 필요치 않았다.

메시의 빠른 월반은 바르사 연령별 유소년 팀이 모두 바르사B팀이 홈 경기장으로 사용하는 미니에스타디에서 같은 시간 운동장을 나눠 사용하며 훈련을 했기에 가능했다. 각 연령별 선수들의 상태를 프로 단계인 바르사B팀 감독이 즉각적으로 지켜볼 수 있었다. 산 주안 데스피로 훈련장을 모두 옮긴 지금도 바르사는 전 연령별 선수들이 서로 마주칠 수 있는 동선으로 설계되어 있어 유소년 선수들이 근거리에서 영웅을 지켜볼 수 있고, 1군 감독과 B팀 감독도 쉽게 연령별 선수들의 상태를 살필 수 있다. 일반적으로 프로 팀과 산하 유소년 팀은 훈련 장소와 경기 장소가 다르다. 프로 팀 감독이 유소년 선수의 상태를 살피기 위해서는 따로 시간을 내서 찾아가야 한다. 어떤 선수가 괜찮은가에 대한 사전 정보도 필요하다. 그러나 프로 팀과 유소년 팀이 한 공간에서 생활하는 바르사의 환경은 메시가 더 빨리 눈에 띄고, 위단계 팀으로 월반하는 과정에 도움이 되었다.

게다가 당시 바르사는 B팀 외에 C팀도 운영하고 있었다. 바르사C팀은 1967년 아마추어 단계 팀으로 출발해 1993년에 C팀이라는 공식 명칭을 얻었다. 스페인 프로 축구 리그는 성인 선수로 자리 잡기 전 유소년 단계를 벗어난 뒤 실전 감각 부족을 겪는 선수들의 적응력을 높여주기 위해 프로 2군과 3군이 하부 리그에 참가할 수 있도록 하고 있다. 다만 이들이 같은 단계의 리그에 속할 수 없고, 상위 단계 팀보다 높은 단계로 올라갈 수 없다는 단서가 붙어 있다. 오랜 옛날에는 2군 팀이 별도로 스페인의 FA컵인 코파델레이 대회까지 나가 레알마드리드 1군과 2군이 결승전에서 격돌하는 사례도 있었는데, 차후 2군 팀은 코파델레이에 나설 수 없게 규정이 바뀌었다. 바르사B팀은 나이와 관계없는 2군 개념이었지만, 바르사C팀은 최소한 6명의 23세 이하 선수들이 출전해야 하는 제약이 있어 더 어린 선수들에게 기회를 제공하기 위한 취지의 팀으로 기능했다.

바르사C팀은 바르사B팀이 2007년 4부 리그까지 강등당하면서 사라졌다. 바르사C팀이 더 이상 머물 수 있는 단계가 없었기 때문이다. 메시는 바르사C팀의 존재 시기에 뛰었기 때문에 경쟁적인 경기에 참가하고, 성인으로 자리를 잡는 과정에서 더 세분화된 단계를 밟으며 적응력을 높일 수 있었다.

메시가 훈련하는 모습은 바르사B팀 감독 오요스의 마음을 사로잡았다. 어린 메시가 이미 바르사B팀의 몇몇 선수들을 능가하는 수준이라는 판단을 내리고 유소년 디렉터 콜로메르에게 B팀 조기 승격을 직접 요청한 것이 그다. 당시 바르사 재정 부회장이었던 페란 소리아노

Ferran Soriano도 메시의 월반을 적극적으로 지지한 인물이었다. 소리 아노는 "처음 치키 베히리스타인 단장과 메시가 꾸준히 성장할 수 있도록 하려면 어떤 길을 가야 하는가에 대해 논의했다. 메시가 한 경기에 5골을 넣는 장면을 보면서 더 많은 푸시를 해야 할 필요가 있다고 생각했고, 더 큰 아이들 속에서 뛰게 하면서 테스트 강도를 높여야 한다고 판단했다"며 월반을 결정한 이유를 밝혔다.

메시는 후베닐A팀으로 올라선 지 두 달 만에 후베닐A팀의 공식 경기를 뛰는 동시에 바르사B팀의 훈련을 함께 소화했다. 더불어 바르사C팀의 경기 출전도 병행했다. 메시는 후베닐A팀에서 11경기 출전에 18골을 넣을 정도로 기량이 압도적이었고, 바르사C팀에서도 독보적이었다. 바르사C팀은 당시 4부 리그에 속했는데, 초반 15경기에서 1승밖에 거두지 못할 정도로 저조한 성적을 내고 있었다. 강등권이던 바르사C팀에서 메시는 첫 출전 경기인 에우로파Europa와의 경기에 나서 3-1 승리를 이끌었다. 바르사C팀에서 뛴 리그 10경기에서 5골을 기록했는데, 그라멘테Gramente와의 경기에서는 지고 있던 경기를 4분 사이에 2골을 만들며 역전극을 만들어 화제가 되기도 했다. 2003년 11월 9일 그라노예르스Granollers와의 경기에서는 해트트릭을 기록했다.

메시의 월반은 메시 자신뿐 아니라 바르사의 각 연령별 팀 선수들에게도 자극제가 되고, 배움의 계기가 되었다. 당시 바르사C팀을 이끌었던 펩 보아다Pep Boada 감독은 "메시가 팀 전체를 더 경쟁적인 분위기로 만들었다. 메시가 공을 잡으면 마치 신의 계시가 내리는 것처럼 아이들을 사로잡았고, 아이들 모두 메시의 스타일과 기술을 흉내 내려 했다. 메시가 많은 경쟁을 유발했고, 그런 점이 팀 전체에 긍정적으로 작용했다"고 회고했다.

메시를 위한 피지컬 프로그램, 장애물 예방과 대비

계속된 월반 과정에서 바르사는 메시의 피지컬적인 문제가 운동 능력이 더욱더 강조되고 있는 현대 축구에서 약점이 될 수 있다는 것을 빠르게 파악할 수 있었다. 만약 메시가 같은 연령대에서 제약 없이 크다가 성인 무대에 갑작스레 부딪혔다면 대비할 시간과 정신적 여유가 적었을 것이다. 늘 쉽게 이겨오던 메시가 받게 될 좌절감의 크기도 더 컸을 것이다.

메시는 2003/2004시즌 바르사B팀에서 뛴 5경기에서는 득점하지 못했다. 특히 바르사B팀 소속으로 뛴 2004년 3월 5일 마타로Mataro와 의 첫 경기에서는 볼을 잘 만져보지도 못할 정도로 피지컬 경쟁에서 어려움을 겪었다. 당시 바르사B팀의 감독 지휘봉을 이어받은 인물은 페레 그라타코스Pere Gratacos였다. 그라타코스는 메시에게 "좋은 플레이를 하지 못했다고 걱정할 필요 없어. 신경 쓰지 마"라고 다독였다. 그리고 확실하게 원칙을 전달했다.

"다음 일요일 경기에도 선발로 나설 거야. 그 경기에서 못하더라도 다음 경기에 기회를 줄 거야. 문제없어. 하지만 네 경기째에도 그렇다면 1군으로 올라갈 수 없다는 것이 입증되었다고 할 수 있어. 그렇다면 다시 유소년 팀으로 돌아가는 거야."

메시는 나태해지지도, 그리고 불안에 떨지도 않았다. 두 번째 경기에서 기술을 발휘하기 시작했다. 그러나 상대 수비가 너무 거칠어서 그라타코스 감독은 보호 차원에서 메시를 다른 선수와 교체했다. 세 번째 경기에서는 득점은 없었으나 뛰어난 활약을 했다. 여전히 골이 없는 것에 대해 메시가 불안해했지만 그라타코스 감독은 메시를 다독이며 충분한 활약을 했다고 이야기해주었다. 첫 시즌에는 득점이 없었지만 메시는 계속 바르사B팀에 남을 수 있었다.

2003/2004시즌 메시는 바르사 내에서 다섯 단계의 다른 팀에서 뛰었다. 월반을 했지만 시즌 말미에는 다시 바르사 후베닐A팀으로 돌아가 마지막 일정을 함께하며 우승을 이끌었다. 총 50차례 공식 경기에서 35골을 기록했고, 모든 코칭스태프와 동료들의 사랑을 받았다. 바르사B팀에서의 득점은 2004/2005시즌 두 번째 경기인 지로나전에서 기록했다. 메시는 2004/2005시즌 바르사B팀 소속으로 총 17경기에 나서서 6골을 넣었다. 메시가 지닌 원천 재능도 대단했지만, 이를 잘 이끌어낸 바르사 육성 방식의 영향력도 매우 컸다고 할 수 있다.

메시는 15세가 됐을 때 162센티미터에 55킬로그램으로 성장했고, 바르사 클럽 전용 트레이닝장에서 피지컬 트레이너와 근육 강화 운동을 했다. 크리스마스 휴일 기간과 감기 등 질병에 걸린 시기를 포함하면 총 44회의 훈련 세션 중 12번 정도를 빠졌다. 바르사에 입단한 아르헨티나 출신의 작은 공격수 하비에르 사비올라Javier Saviola도 했던 프로그램이고, 장신 수비수 피케도 이 프로그램을 통해 몸의 균형을 다졌다. 메시도 이 프로그램을 자청하여 소화했다. 계속된 월반 속에 점점 더 거칠어지는 수비를 이겨내기 위해 파워를 증강하는 것에 대한 필요성을 스스로도 인지했기 때문이다. 이는 단순히 근육을 키우는 웨이트 트레이닝과는 다른 개념의 훈련이었다. 경기 중 몸싸움에서 밀리지 않기 위한 분명한 목적성을 가지고 구성된 프로그램으로, 공과 함께하는 정상 훈련을 진행한 뒤 별도로 실시된 추가 운동이었다. 주로 스피드와 스태미나에 대한 부분이었는데, 바르사B팀의 오요스 감독은 이 부분에서 메시를 집중적으로 지도했다. 다리 근력과 하반신의 힘을 강화하기 위한 메시의 개인 훈련을 진행했다.

어린 나이의 선수에게 너무 과도한 피지컬 훈련은 성장과 균형에 부정적 영향을 줄 수 있다는 우려의 소리도 있었다. 바르사의 전문가들은 이런 부분에서 외부 인사에게 의견을 구하는 데 주저하지 않았다. 당시 호나우지뉴가 자신의 피지컬 관리를 위해 고용했던 개인 트레이너에게 자문을 구해 메시의 훈련 프로그램에 반영하는 유연성을 보였다. 메시는 웨이트장에서의 훈련은 최소화한 프로그램을 소화하며 2003년 8월부터 2004년 4월 사이 근육량만 3.7킬로그램을 늘리는 데 성공했다.

피지컬 강화를 위한 방법은 '지옥 훈련'이 아닌 균형 있는 훈련이었다. 바르사는 메시에게 별도의 피지컬 훈련을 시키면서 철저한 휴식을 취하도록 관리했다. 이 과정에서 가장 중요한 것이 훈련을 하지 않는 시간에 '완전한 휴식'을 갖는 것이었다. 메시는 훈련을 마친 뒤 점심 식사를 하고 나서 매일 자신의 집에 돌아가 '시에스타스페인의 낮잠 문화'를 취했다. 다른 놀이나 여가로 쉬는 시간을 보내는 것이 아니라 반드시 취침을 통해 몸을 회복했고, 이 과정을 모두 면밀히 체크했다. 몇 달에 걸친 프로그램 진행을 통해 메시는 성인 프로 선수들과 경합할 수 있는 몸 상태를 빠르게 갖추게 되었다. 가진 재능도 출중했지만, 그 재능이 더 빠르게, 그리고 효과적으로, 어려움 없이 발휘될 수 있도록 지원해준 것이 바르사의 시스템이었다.

메시의 마지막 월반인 1군 팀 입성은 2003년 11월 정규 시즌 도중에 열린 포르투갈 클럽 FC포르투와의 친선 경기를 통해 이뤄졌다. 비록 공식 경기는 아니었지만, 메시의 축구 인생에서 매우 의미 있는 순간이었다. 당시 포르투는 포르투갈에서 열리는 유로2004 대회를 위해 새 홈 경기장을 건립했고, 이 경기장의 개장 기념 경기로 바르사와의 친선전을 열었다.

경기는 양 팀 모두 리그 일정이 없는 국가대표 축구팀 A매치 주간에 열렸는데, 바르사의 경우 각국 대표 선수로 참가하는 선수가 많아 1군 선수단에 결원이 컸다. 이에 프랑크 레이카르트 당시 바르사 1군 감독은 바르사B팀 소속 선수들의 소집을 요청했다. 이때 바르사 1군으로 추천을 받은 선수 명단에 메시도 포함되었다. 메시뿐 아니라 유스 출신으로 1군 팀 합류의 기회를 얻은 선수는 오리올 리에라Oriol Riera, 조르디 고메스Jordi Gomes, 골키퍼 차비에르 지나르드Xavier Ginard 등 4명이었다. 당시 바르사 1군의 주장은 2014/2015시즌 바르사의 감독으로 트레블을 이룩한 루이스 엔리케 감독이었다. 엔리케는 공항에서 메시를 비롯한 바르사 유소년 출신 아이들이 1군에 합류한 현장에서 "가방을 잃어버리지 말라"는 농담을 건네며 유쾌하게 환영

해주었다.

2003년 11월 16일. 포르투의 감독은 주제 무리뉴였고, 포르투는 자신들의 개장 기념 경기에 티아구, 마니시, 히카르두 카르발류, 비토르 바이아 등 주전 선수들을 대거 기용했다. 바르사는 그동안 경기에 뛰지 못한 선수들이 주로 기회를 잡았지만 루이스 엔리케, 차비 에르난데스, 가브리, 라파 마르케스, 올레게르 같은 핵심 선수들이 경기에 나섰다. 메시는 벤치에서 대기했다. 메시의 1군 데뷔를 보기 위해 메시의 부모 호르헤와 셀리아, 형 로드리고도 포르투행 비행기에 몸을 실었다. 레이카르트 감독은 후반 30분경 페르난도 나바로를 대신해 메시의 교체 투입을 지시했다. 당시 메시는 만 16세 145일의 나이였다. 등번호는 바르사 축구의 전설 요한 크루이프가 달았던 14번이었다. 메시 가족이 바르셀로나로 이주한 지 2년 9개월 만에, 생각보다 훨씬 빠른 시간에 메시의 프로 데뷔가 현실이 됐다.

메시는 짧은 시간이었지만 두 차례 골에 근접한 기회를 만들어냈다. 경기는 포르투의 2-0 승리였지만, 바르사 코칭스태프와 팬들은 모두 어린 메시의 활약에 찬사를 보냈다. 특히 헹크 텐카테 당시 바르사 코치는 "메시는 마치 평생 우리와 함께 뛰었던 선수처럼 자연스러웠다. 16세라는 어린 나이에 포르투를 상대로, 이토록 많은 관중 앞에서 플레이한다는 것은 비범한 일"이라고 설명했다. 이제는 바르사 1군 코칭스태프에서 메시의 1군 승격을 위한 체계적 프로그램을 제시했다. 호나우지뉴와 메시를 동시에 세우는 날을 최대한 빠르게 오게 만들자는 것에 모두가 같은 의견이었다. 레이카르트 감독은 포르투전 이후 메시를 가급적이면 바르사B팀 경기에 투입해달라고 요청했고, 일주일에 한 번씩은 1군 팀과 함께 훈련을 시키겠다고 했다. 그리고 적응력이 높아지는 것에 맞춰 1군 훈련 빈도는 일주일에 2~3회로 늘려가며 1군 선수로 만들겠다는 계획을 세웠다. 메시는 만 16세의 나이로 바르사 프로 선수의 자격을 인정받았다.

라 마시아 육성 시스템의 모든 것

스페인어로 '농장'을 뜻하는 '라 마시아La Masia'는 한국 사회에서는 생소한 단어지만, 요즘 축구 팬들 사이에는 매우 익숙한 단어다. 바르사의 유소년 팀 합숙소에 별명으로 붙었던 이 이름은, 바르사의 유소년 선수 육성 시스템을 통칭하는 의미로 쓰인다. 2010년 FIFA 발롱도르 최종 후보 3인에 리오넬 메시, 차비 에르난데스, 안드레스 이니에스타 등 라 마시아에서 자란 선수들이 오르면서 바르사의 유소년 축구 학교는 본격적으로 각광을 받았다. 클럽 단계에서 유소년 선수 육성에 대한 관심을 증폭시킨 결정적인 계기였다. 한국 청소년 대표 선수 백승호, 이승우, 장결희 등이 스페인 바르셀로나로 직접 건너가 라 마시아 생활을 하게 되면서, 국내에도 바르사의 축구 영재 교육이 화제가 되었다.

바르사는 2011년 10월 24일 새로운 라 마시아의 개관 기념행사를 치렀다. 유튜브를 통해 생중계된 이날 행사는 바르사의 유명 인사들이 모두 모여 화려한 LED쇼와 더불어 성대하게 치러졌다. 본래 캄노우 경기장 근처에 있었던 오래된 라 마시아를 헐고 1군 선수들의 훈련

시설인 시우타트 에스포르티바 내부에 '뉴 라 마시아'가 신설됐다. 새로운 라 마시아는 6,000제곱미터 규모에 5층짜리 건물이다. 2009년 12월부터 2011년 7월까지 19개월에 걸친 공사 기간에 1,000만 유로에 가까운 공사비가 들었다. 캄노우 경기장 근처에 있는 예전 라 마시아는 18세기에 지어진 낡은 건물이었다. 규모나 시설 등 모든 면에서 비교할 수 없을 정도로 개선됐다. 83명의 유소년 선수들이 합숙하며 최고의 교사진에게 최고의 축구 교육을 받고, 공부방 등을 통해 학업을 병행할 수 있는 축구 사관학교다. 여가 생활과 의료 및 재활을 위한 설비까지 필요한 모든 것이 갖춰져 있다. 그 어떤 호텔, 학교, 1군 축구팀의 클럽 하우스와 비교해도 손색이 없는 높은 수준의 지원을 어린 선수들에게 제공하고 있다.

게다가 바르셀로나시 외곽에 위치한 산 주안 데스피에 1군 팀 훈련을 위한 시우타트 에스포르티바 조안 감페르The Ciutat Esportiva Joan Gamper가 생기면서 세계 최고의 스타 선수들이 즐비한 1군 팀을 마주할 기회를 잃었던 바르사 유소년 선수들은 자신의 우상들과 함께 호흡할 수 있게 됐다. 새로운 라 마시아의 이름은 오리올 토르트 센터 Centre de Formació Oriol Tort다. 오리올 토르트는 축구 팬들 사이에 유명한 이름이 아니지만 바르사 축구의 근간이라 할 수 있는 라 마시아의 출발에 막대한 공헌을 한 인물이다. 1979년, 바르사에서 선수로 활약하던 요한 크루이프의 요청에 따라 조제프 루이스 누네스 전 바르사 회장이 라 마시아를 건설했다. 라 마시아의 디렉터였던 토르트는 초기에 직접 유소년 선수들을 육성하기도 했다. 라 마시아를 만든 이후 클럽 100주년이 된 1999년까지 쉼 없이 일해온 토르트는 40년 가까이 바르사에 헌신하며 스타 선수들을 키워냈다. 바르사는 유명한 스타플레이어나 전 회장의 이름이 아닌 토르트에게 새로운 라 마시아를 헌정하며 가려진 그의 업적을 기렸다.

새로운 라 마시아, 오리올 토르트 센터는 출입이 엄격히 통제되고 있었다. 건물 밖엔 높은 차단벽이 있고 CCTV로 감시하고 있었다. 업무와 기타 작업을 하기 위해 방문하는 외부인들도 카메라를 통해 용무를 확실히 설명한 뒤 출입을 허락받았다. 밖에서도 훈련장의 모습을 살펴볼 수 없게 철통보안이 이루어지고 있었다. 철조망과 높은 외벽 등 이중, 삼중으로 막혀 있어 안에서 어떤 훈련이 이루어지고 있는지 알 수 없다. 헬기를 동원하지 않는다면 염탐은 불가능하다.

라 마시아는 바르사 성공의 근간이다. 그렇기 때문에 철통보안이 유지된다. 선수들의 가족도 바르사 유소년 팀의 훈련 모습을 일주일에 두 차례밖에 참관하지 못한다. 가족 외의 사람들은 출입이 통제된다. 라 마시아의 문이 열리는 날은 카탈루냐 유소년 축구 리그 경기가 있는 날뿐이다. 필자는 이때에 맞춰 라 마시아에 들어가 바르사의 미래를 지켜볼 기회가 있었다. 바르사의 유소년 팀은 철저하게 1군 팀과 연결되어 있었다. 바르사에서 등번호는 개인의 개성이 아니라 팀에서의 역할을 의미한다. 자신이 부여받은 역할에 따라 매 시즌 또는 매 대회에 등번호가 변경되는 경우가 있다. 바르사는 탁월한 개인 능력을 요구하지만 그보다 하나의 유기체처럼 움직이는 팀을 만드는 것에 집중한다. 선수단 중 누가 빠지게 되더라도 다른 팀원으로 대체가 가능하며, 다른 팀원의 자리에 가서 뛰더라도 경기 스타일이 흔들리지 않는 일관된 팀 철학 유지를 중시한다. 바르사 유소년 팀의 등번호와 경기 스타일에서 바르사 1군 팀의 모습이 비친 것은 결코 우연이 아니다.

인터넷을 통한 정보 교류가 활발해지면서 바르사의 훈련 프로그램은 어느 정도 알려진 상황이다. 스페인 내 다른 유소년 축구팀의 교육 프로그램도 바르사와 크게 다르지 않다. 스페인에서 지도자 연수를 받고 귀국해 한국에서 진행된 바르셀로나 유소년 축구캠프에서 지도자로 일하며 라 마시아 프로그램을 경험한 조세민 유소년 축구 코치는 "프로그램은 다른 스페인 유소년 팀과 크게 다르지 않지만 바르사만의 독특한 지도 방식이 있다. 미묘하게 다른 점이 있는데, 바르사도 외부에 잘 알려주려 하지 않는 부분"이라고 전했다.

조 코치가 주목한 점은 지도자들이 선수들에게 훈련과 축구를 이해시키는 방식이다. 조 코치는 "바르사 유소년 지도자들은 선수들에게 이 훈련이 왜 필요한지, 이 훈련을 통해 얻게 될 점과 그러기 위해 주목해야 하는 부분에 대해 이해시키고 설명하는 능력이 다른 지도자들에 비해 탁월하다. 그런 부분에서 확실한 노하우가 있다"고 설명했다. 그와 더불어 경기와 훈련, 축구를 대하는 자세에 대해 유달리 강조한다. 바르사 훈련의 가장 인상 깊은 면은 끊임없이 인성을 강조한다는 점이다. 항상 코치 및 친구들과 인사를 하게 하고, 훈련 시작과 끝에는 서로 악수하는 시간을 가진다.

바르셀로나 축구학교 'FCB에스콜라FCB Escola'의 입장은 명확하다. 축구를 즐기는 모든 어린이들이 축구 선수로 성공할 수는 없기 때문에 축구가 아닌 다른 일을 하며 살아가게 되었을 때에도 도움이 되는 인성 교육을 하는 것. 어떤 분야에서 일하게 되든 인성은 꼭 필요한 덕목이기 때문이다. 동아시아 지역 'FCB에스콜라'의 디렉터로 파견된 차비 몬델로는 "한국에 바르사의 가치를 알리기 위해 왔다. 한국 사람들에게 진짜 바르사를 알리는 것이 목표"라고 말했다. 비록 한국 시장 상황과 맞지 않다는 판단에 따라 한국에 상주하는 공식 바르셀로나 축구학교의 설립은 무산되었지만, 바르사는 한국에도 꾸준히 바르사 축구캠프를 열며 바르사 축구의 가치를 전파하고 있다. 여기에는 바르사의 국제적인 팬층을 확보하겠다는 상업적 의도가 숨어 있는 것도 숨기지 않았다. 다만, 바르사가 '영업'하고 있는 가치는 엘리트 중심주의, 성과주의에 매몰된 한국 유소년 축구 교육에 큰 시사점을 남겼다.

차비는 라 마시아에서 이니에스타와 함께 축구를 했던 동기다. 프로 선수로 성공하지 못했지만 바르사의 유소년 코치로 축구 경력을 이어가고 있다. 차비는 바르셀로나에서 배웠던 상호 존중, 연대, 우정, 페어플레이 등의 가르침이 삶을 살아가는 데 있어 큰 도움이 되고 있다고 말한다. 바르사의 훈련을 살펴보면 파울을 당했을 때도 집중력을 잃지 말 것, 심판에게 항의하지 말 것, 넘어진 상대 선수에게 인사를 건넬 것 등 항상 예의 바르게 행동할 것을 주문한다. '이기기 위한 축구'에 익숙한 우리들에겐 다소 낯설게 느껴질 만한 모습이었다.

훈련 프로그램에서의 차이도 분명했다. 프로그램 자체가 새로운 것이 아니라 프로그램을 진행하는 방법론에 차이가 있다. 선수 혼자 코디네이션을 한다거나, 콘을 놓고 드리블을 하는 것 같은 흔한 장면은 찾아볼 수 없다. 항상 공과 상대방이 있는 상황에서 훈련이 진행된다. 전체적으로 축구는 혼자서 하는 스포츠가 아니라는 점을 인성 및 훈련 방법에서 강조하고 있다. 이는 승리하는 방식에 집착하고, 결과만 좋으면 상관없다는 사고가 지배적인 한국 사회의 교육 방식에 경종을 울리고 있다. 진정한 최고가 되기 위해서는 수단과 방법을 가리지 않고 경쟁에서 이기는 것이 아니라, 수단과 방법에서도 좋은 모습을 보이며 다 같이 상생하는 사회를 만드는 것이다. 그 속에서 모두의 존경을 받을 수 있는 진정한 최고의 자리에 오를 수 있다. 라 마시아에 녹아 있는 또 다른 메시지다.

⋮

실전 적용 TIP
"물리적 조건보다 방향성을 살펴라"

메시에게 주어진 일 년간 네 번의 월반이라는 특별한 기회는 한국에서 일어나기에 더더욱 어려운 일이다. 클럽 시스템을 채택하고 있는 스페인 및 유럽 유소년 축구는 또래보다 압도적인 실력을 갖춘 선수의 성장이 정체되지 않도록 유연한 월반이 가능하다. 학원 축구에 기반을 하고 있는 한국의 경우 쉽지 않은 일이다. 중학교 3년, 고등학교 3년으로 이뤄진 한국의 상황에서 1학년생은 출전 기회가 적어 경기 경험이 떨어질 수밖에 없다. 2, 3학년생이 주로 경기에 나선다. 특히 신체 조건 면에서 훨씬 성장했고, 경험도 더 쌓인 3학년생의 경우

특별한 노력을 기울이지 않고도 내부 출전 경쟁에서 승리할 수 있다. 2학년생의 경우에도 일부 선수들에게만 3학년생과 함께 중요 경기에 나설 수 있다. 게다가 3학년생은 당장 진학을 위해 경기 성적이 시급하기 때문에 경기 외적인 이유로도 더 많은 출전 기회를 얻을 수밖에 없다. 이런 구조 속에서 3학년생은 수월한 주전 경쟁으로 인해 집중력이 떨어지고, 1, 2학년생은 동기부여를 얻기 어렵다.

성장과 발전을 위해선 꾸준함, 그리고 한계에 대한 도전이라는 지속적 과제가 필요하다. 축구적인 측면에서는 학원 축구보다 클럽 축구 시스템이 정착되어 더 세분화된 연령별 대회를 통해 모든 선수들이 고르게 출전 기회를 얻을 수 있는 환경이 조성되어야 한다. 세분화된 연령별 체계 속에서는 월반도 더 유연하게 이뤄질 수 있다. 월반 이후 적응이 어려우면 다시 내려와 뛸 수 있는 기반도 마련되어야 한다. 조직의 경직성은 아이들의 발전 가능성에도 제약을 줄 수밖에 없다.

팀이나 학교를 택할 때, 과거에 어떤 명성을 쌓았고, 현재는 어떤 성적을 내고 있는지보다 내 아이의 가능성을 얼마만큼 잘 꺼내주고, 발전시킬 수 있는 운영 시스템을 갖추고 있는지를 파악하는 것이 중요하다. 어떤 방식으로 뒤처지는 아이들을 지원해주고, 잘하는 아이들에게 또 다른 기회를 마련해주는지 체크해야 한다. 실제로 한국에서 이름을 떨친 선수들 중에는 유연한 사고를 갖고 있는 좋은 지도자를 만나 뜻밖의 기회를 얻고, 어려운 시기를 헤쳐나온 사례가 많다. 성적을 잘 낸 지도자보다, 좋은 선수를 얼마나 많이 키워낸 지도자인가, 그리고 어떤 결과를 내는 팀인가가 아니라 어떤 플레이를 통해 어떤 선수를 배출했는가를 살피는 것이 장기적 성공의 관점에서 더 중요한 일이다.

메시는 바르사 유소년 팀에서 뛰던 시절부터 1군 데뷔 시기에 이르기까지 잉글랜드의 아스널, 이탈리아의 인터밀란을 중심으로 유수의 빅클럽으로부터 영입 제안을 받았다. 인터밀란의 경우 1군 선수로 영입하기 위해 바르사와 계약한 연봉액의 3배에 달하는 액수를 제시하기도 했다. 실제로 메시의 대리인을 맡은 부친 호르헤도 고민을 해볼 수밖에 없는 파격 제안이었다. 바르사 측이 인터밀란의 제안에 흔들리던 호르헤이 시기는 2005/2006시즌 초반으로 메시가 스페인 시민권 취득을 받기 전 외국인 선수 출전 제한에 걸려 스페인 리그 경기를 뛰지 못하던 와중이었다를 설득할 수 있었던 이유는 메시를 성장시키고, 발전시키는 방식에 대한 자신감 때문이었다. 물론 큰돈을 버는 것만으로도 성공한 인생이라고 말할 수 있지만, 더 큰 영광을 얻기 위해서는 눈앞의 돈보다 더 중요한 방향성이 있어야 한다.

이탈리아의 수비적인 전술, 그리고 거친 주심의 판정 성향 속에서 메시는 어떻게 지금과 같은 플레이 스타일을 유지할 수 있었을까? 바르사에서 동일한 철학을 공유하며 자란 선수들과 함께 만들어낸 플레이를 어떻게 그곳에서도 재현할 수 있었을까? 당시 바르사 단장 레샤크는 "다른 팀에 가도 바르사에서 받은 만큼 돈을 벌 수 있다. 그러나 다른 팀에서는 바르사에서만큼 볼을 터치하기 어려울 것이다"라고 말하며 설득했다.

물론 역사에 가정은 무의미한 일이다. 이탈리아로 건너가서도 메시는 위대한 선수로 성장했을 수 있다. 그러나 스페인 바르셀로나에 적응하는 과정에서도 만만치 않은 진통을 겪은 메시 가족이었고, 유소년 팀이 쌓아올린 선수 배출의 역사와 성적을 살핀다면 바르사가 메시에게 더 적합한 곳이었다는 판단을 내리는 데에는 무리가 없다. 게다가 그때까지 메시를 지켜보고 성장시키는 과정에서 쌓인 노하우를 생각한다면 당시 돈 때문에 바르사를 떠날 경우 메시는 잃을 게 더 많았을 것이다. 이 점을 생각한다면 당시 호르헤가 더 적은 액수의 계약 물론 바르사의 제안 역시 10대의 어린 선수에게는 상상할 수 없는 큰 액수였다에도 바르사 잔류를 택한 것은 옳았다고 할 수 있다. 눈앞의 돈은 포기했지만, 결국 메시는 세계 최고의 선수가 됐고, 지금 그에 준하는 부와 명예를 모두 누리고 있다.

재능을 보이는 아이에게는 손을 뻗는 곳들이 많이 생긴다. 우리 학교, 우리 학원, 우리 재단, 우리 캠프, 우리 시설로 와달라는 솔깃한 제안이 쏟아진다. 그 과정에서의 경쟁은 물리적인 조건이 중심이다. 하지만 더 큰 액수가 최선의 제안은 아니다. 그러기 위해선 어떤 학교, 학원 혹은 업체와 캠프가 좋은지 잘 알아야 한다. 굳이 제안을 받아서 선택하는 상황이 아니라고 하더라도, 물리적 성과와 여건보다 어떤 커리큘럼과 방향성을 갖고 있는지를 잘 파악해야 한다. 청소년 시기에 어떤 선생님을 만나고, 어떤 공부를 하고, 어떤 친구를 만나, 어떤 방식으로 생활하는지가 인생에 미치는 영향은 지대하다. 중요한 사실은 내 아이의 성향과 재능, 그리고 발전 가능성에 가장 알맞은 곳이 어디인가를 판단하는 것이다.

"모차르트를 환영하고 가르친 이탈리아"

모차르트는 음악학교를 다니지 않았다. 본인이 뛰어난 연주자이자 작곡가이며, 음악 교사였던 부친 레오폴트에게 배웠고, 수많은 연주 여행을 통해 만난 당대의 작곡가들에게 영향을 받아 자신만의 음악세계를 구축했다. 그러나 모차르트에게도 영감의 발상지는 있다. 1765년 영국 방문 중 요한 크리스티안 바흐를 만나 이탈리아 오페라의 매력에 빠졌고, 1769년 로베레토와 베로나를 방문하며 오페라의 본고장 이탈리아에 당도했다. 모차르트는 첫 이탈리아 여행에서 큰 감동을 얻었다는 것을 주위 사람들에게 자주 술회했다. 포도주를 마시고 추억에 잠길 때면 "당시 내가 느낀 감동이 얼마나 컸던지! 정말 얼마나 컸던지!"라고 자주 되뇌었다.

1770년에 밀라노, 볼로냐, 피렌체, 로마, 나폴리 등 이탈리아 전역을 돌며 자신의 천재 성을 선보이고 환호를 모았다. 이탈리아는 천재 모차르트를 환영했다. 모차르트 자신도 이 탈리아 여행을 통해 많은 것을 배웠다. 1770년 볼로냐에서 위대한 학자 파드레 조반니 바 티스타 마르티니를 만나 대위법(함께 연주되는 여러 선율을 조작하는 방법)에 대한 배움의 시 간을 가졌다. 당대의 카스트라토 가수 파리넬리와 친구가 되기도 했다. 피렌체에서 바이올 리니스트이자 작곡가 피에트로 나르디니와 협연했다. 로마에서 교황을 알현한 당시에는 악 보 필사 및 유출이 엄격히 금지된 그레고리오 알레그리의 〈미제레레(Miserere)〉를 듣고, 그 아름다움에 반했다. 모차르트는 기억 만으로 곡을 악보로 옮겨 적었다. 교황이 모차르트 의 천재적 음악성을 인정해 황금박차 훈장을 내리기도 했다. 당시 14세에 불과했던 모차르 트에게 공식적으로 기사 작위를 부여한 것이다.

이탈리아에서의 여정이 끝날 무렵 밀라노로부터 의뢰를 받은 〈폰토의 왕 미트리다테

〈Mitridate, re di Ponto〉〉를 완성해 큰 성공을 거뒀다. 이탈리아어로 된 『천일야화』를 읽고서 만든 작품이다. 이어 교향곡 네 곡을 작곡했다. 1771년 베로나의 아카데미아 필아르모니카로부터 '마에스트로 디 카펠라'의 칭호를 받았다. 첫 번째 오페라 〈폰토의 왕 미트리다테〉 이후 두 번째 오페라 〈루치오 실라(Lucio Silla)〉도 밀라노에서 발표되었고, 잘츠부르크 귀향 이후에도 밀라노에서 그의 세 번째 오페라 〈알바의 아스카니오(Ascanio in Alba)〉를 주문받았다. 모차르트는 오페라의 거듭된 성공에 다시 이탈리아 여행길에 올라야 했다. 15세의 모차르트는 최고의 오페라 작곡가로 인정을 받았다.

훗날 완성한 오페라 〈돈 조반니(Don Giovanni)〉를 만들 수 있었던 영감도 13세 때 나폴리 여행에서 얻었다. 모차르트는 당시 나폴리 바닷가에서 매혹적인 공연을 보았고, 유행곡 곡조에서 체를리나와 마세토가 부르는 이중창 작곡의 힌트를 얻었다. 모차르트의 이름 중 아마데우스라는 부분은 본래 이름 중 '고틀리프(Gottlieb)'의 이탈리아어 표기다. 1770년 베로나를 방문했을 때 얻은 이름이다. 그는 독일에서는 볼프강으로 자신을 불렀으나, 이탈리아에서는 아마데오라고 자신을 소개했고, 서명을 할 때는 이탈리아식으로 '데 모차르티니(de Mozartini)'라는 성을 쓰기도 했다. 이탈리아에 대한 애착이 컸다는 증거 중 하나다.

마라도나와 호나우지뉴의
총애를 받다

모든 아이들에게는 우상이 있습니다. 따라 하고 싶은 '영웅'을 보며 장래 희망을 결정합니다. 슈퍼맨과 배트맨, 아이언맨 같은 초현실적 '슈퍼히어로'부터, 화려한 무대 위의 연예인, 스포츠 스타들, 그리고 사회 유명 인사들에 이르기까지 대중의 스포트라이트를 받는 이들이 '꿈'이 되곤 합니다. 유년기에 어떤 직업군의 '스타'에 열광하느냐도 인생에 적지 않은 영향을 미칩니다. 골프 선수 박세리, 피겨 선수 김연아, 축구 선수 박지성이 후배들에게 해당 스포츠 종목에 미친 영향은 지대합니다. 이 선수들의 등장 이후 한국은 여성 골프와 피겨스케이팅 분야에서 두각을 나타냈고, 유럽 프로 축구 리그에 진출하게 된 기술 좋고 담대한 한국 선수들이 늘어났습니다. 포르투갈 축구가 유독 좋은 측면 공격수를 많이 배출했던 이유도 루이스 피구라는 걸출한 윙어가 유럽 무대에서 큰 활약을 펼친 영향이 적지 않습니다.

메시의 경우도 마찬가지입니다. 축구 역사상 최고의 천재 중 한 명으로 꼽히는 디에고 마라도나의 등장 이후 아르헨티나에는 키는 작지만 기술이 뛰어난 선수들이 무수히 많이 배출되었습니다. 메시 역시 마라도나 은퇴 이후 '제2의 마라도나'라는 수식어를 달았던 여러 유망주 중 한 명입니다. 이제 메시는 '제1의 메시'로 우뚝 섰지만, 마라도나의 존재가 메시의 성장에 미친 영향은 분명합니다. 여기에 FC바르셀로나의 1군 선수로 성장하는 과정에 브라질 역사상 최고의 테크니션 중 하나로 꼽히는 호나우지뉴를 만난 것도 간과할 수 없는 사건입니다. 메시는 이들의 활약을 지켜보며 자란 것뿐 아니라, 이들로부터 직접 조언을 들을 수 있는 기회를 얻었습니다. 메시의 능력은 홀로 창조된 것이 아닙니다. 모방은 창조의 어머니라고 합니다. 수많은 선배들로부터 받은 기술을 자신의 능력으로 내재화할 수 있었던 것이 '천재' 메시의 성장 동력이었습니다.

"롤모델은 마라도나, 멘토는 호나우지뉴"

1980년대와 1990년대에 유년기를 보낸 모든 아르헨티나의 축구 선수는 디에고 마라도나의 영향력 아래 있었을 것이다. 아르헨티나를 넘어 전 세계 축구 유망주들의 선망의 대상이 된 마라도나는 작지만 다부진 체구, 폭발적인 스피드와 현란한 기술, 창조적인 판단력과 정밀한 볼 컨트롤 능력, 천재적인 패싱력과 슈팅 능력을 두루 겸비한 축구 천재였다. 만 16세 생일을 맞기도 전에 프로 데뷔전을 치른 마라도나는 1979년 FIFA U-20 월드컵에서 아르헨티나를 우승시켰고, 이탈리아 중상위 클럽 나폴리를 이탈리아 챔피언이자 UEFA컵 챔피언으로 이끌었다. 무엇보다 1986 멕시코월드컵에서 아르헨티나를 우승시키며 팀 스포츠인 축구에서 개인 능력의 한계치를 끌어올린 불세출의 스타로 추앙받았다.

메시는 마라도나가 직접 인정한 후계자다. 아르헨티나의 FIFA U-20 월드컵 우승 및 올림픽 금메달 획득을 이끄는 과정에서 압도적인 개인 능력을 발휘했다. 신체 조건과 플레이 스타일 면에서도 닮은 점이 적지 않다. 특히 FC바르셀로나 유니폼을 입고 마라도나의 축구 인생에 가장 인상적인 두 골과 닮은 득점을 만들어낸 에피소드는 당시 전 세계 축구 팬들에게 회자되었다.

메시는 2007년 4월 18일 헤타페와의 스페인 코파델레이 준결승전에서 오른쪽 측면 하프라인 부근에서 볼을 잡고 골문까지 단독 드리블로 6명의 선수를 제치고 득점했다. 12.8초 만에 13차례 볼 터치를 통해 득점했는데, 이 과정이 1986년 6월 22일 멕시코월드컵 아르헨티나와 잉글랜드의 8강전 경기에서 후반 10분 마라도나가 넣은 세기의 골과 흡사했다. 마라도나도 하프라인 우측 부근에서 총 6명의 잉글랜드 선수들을 단독 드리블로 제치고 득점했다. 아르헨티나의 2-1 승리를 확정한 골이었다.

이 장면뿐 아니라, 같은 경기에서 후반 6분 마라도나가 '신의 손' 논란을 일으킨 고의적인 핸드볼 파울 득점을 행한 것도 메시가 재현했다. 마라도나는 공중볼 경합 상황에서 자신의 머리가 닿지 않은 위치의 공을 마치 헤딩으로 득점한 듯한 플레이로 잉글랜드의 골망을 흔들었는데, 사실은 주심의 시야에 가린 손을 이용해 골을 넣은 것이었다. 메시는 2007년 6월 10일 RCD에스파뇰과의 스페인 프리메라리가 경기에서 0-1로 뒤처져 있던 상황에 문전 혼전 중 수비수를 맞고 나온 공을 헤딩으로 경합하는 과정에서 왼손으로 공을 건드려 득점했다. 만 20세의 메시에게 '제2의 마라도나'라는 수식어가 더욱더 확고하게 새겨지도록 만든 사건이었다.

메시는 두 장면 모두 일부러 마라도나를 따라 해보겠다는 의도를 가지고 행한 것이 아니라 본능에 따른 것이었다고 설명했다. 경기 중 누군가의 플레이를 생각하면서 플레이하는 선수는 없을 것이다. 어린 시절 보고 자란 플레이가 본능에 새겨진 것이라고 할 수 있다. 메시는 아르헨티나의 다른 많은 아이들처럼 마라도나가 펼친 신기의 플레이를 텔레비전 중계를 통해 보고 자랐다. 메시는 "마라도나의 모든 플레이를 다 봤다"고 밝힌 바 있다. 부친 호르헤가 마라도나 팬이기에 마라도나의 플레이 비디오를 다량 보유하고 있었다. 직접 눈으로 볼 수 있는 기회도 있었다. 마라도나는 메시의 고향 로사리오를 연고로 하는 뉴웰스올드보이스에서 1993년부터 1994년 사이에 활약했다. 메시는 마라도나의 뉴웰스 데뷔전인 에멜렉전을 만 6세 때 직접 본 기억이 있다고 말했다. 메시 가족은 유명한 뉴웰스 골수팬이었고, 메시는 마라도나의 이름이 새겨진 뉴웰스 유니폼을 입고 경기장을 찾아 마라도나의 플레이를 눈앞에서 보고 배울 수 있었다.

나이 차이가 크기 때문에 메시는 마라도나와 함께 경기장 위에서 플레이할 기회를 얻을 수는 없었다. 그러나 마라도나와 메시는 서로 깊은 인연을 쌓아 가기 시작한다. 먼저 연락을 취한 쪽은 놀랍게도 마라도나였다. 마라도나는 자신의 뒤를 이을 '세기의 재능'을 알아봤다. 2005년 5월 1일, 스페인 프리메라리가 34라운드 경기에서 바르사는 알바세테Albacete와 격돌했다. 이 경기에서 메시는 호나우지뉴의 패스를 받아 팀의 2-0 승리에 쐐기를 박는 골을 넣어 바르사 1군 선수로 공식 데뷔골을 터트렸다.

골을 기록한 다음 날 집에서 가족들과 식사를 하던 메시는 마라도나로부터 축하 전화를 받았다. 마라도나가 직접 수소문해 메시에게 메시지를 전달한 것이었다. 마라도나는 메시가 아르헨티나 청소년 대표로 '2005 FIFA U-20 월드컵'에 참가했을 때도 연락을 취했다. 2005년 6월 28일 브라질과의 준결승전을 앞두고 경기를 준비하고 있을 때 메시에게 전화를 걸어 "아르헨티나로 우승컵을 가져와 달라"고 당부했다. 마라도나는 대회가 열린 네덜란드 현지에서 일하던 취재 기자를 통해 메시와 대화를 시도할 정도로 열성을 보였다. 마라도나와 통화한 메시는 마라도나의 부탁을 완수했다. 아르헨티나에 우승컵을 안긴 것이다.

메시는 '2006 독일월드컵'을 통해 월드컵 무대에 처음 섰다. 이때는 후보였다. 주전으로 나선 것은 '2010 남아공월드컵'이다. 마라도나는 이 시기 아르헨티나 대표팀 감독직을 맡았고, 메시에게 자신의 등번호 10번을 물려줬다. 마라도나는 메시에게 절대적 신임을 보냈으나, 우수한 팀을 만드는 데에는 실패했다. 그러나 마라도나와 한 팀에서 지내며 메시는 마라도나로부터 기술적인 면을 직접 배울 수 있는 시간을 가졌다. 마라도나는 스페인 스포츠 신문 「스포르트」와의 인터뷰에서 "1986년의 나보다 지금의 메시가 더 뛰어나다. 메시는 펠레와 마라도나 중 누가 축구 역사상 최고의 선수인가, 라는 논쟁을 끝낼 수 있는 선수다. 그 누구도 메시와 비견될 수 없을 뿐더러, 그가 하는 것의 40퍼센트만큼을 하는 선수조차 없다"고 말하며 메시를 사상 최고의 선수라고 인정했다. 우상이 준 찬사는 메시에게 특별한 뿌듯함이 되었을 것이다.

아르헨티나 출신의 선배들은 모두 메시를 아꼈다. 메시가 바르사 유소년 팀에 있을 때 바르사에는 후안 로만 리켈메와 하비에르 사비올라가 뛰고 있었다. 당시에는 라 마시아가 캄노우 경기장 근처에 있었고, 미니에스타디에서 1군 선수와 유소년 선수가 장소를 나누어 함께 훈련하는 경우가 종종 있었다. 메시는 선배 리켈메와 사비올라가 운동하는 모습을 근거리에서 지켜본 것은 물론, 둘의 초대로 바비큐 파티를 함께하며 친하게 지냈다. 메시가 에스파뇰과의 유소년 리그 경기에서 광대뼈 골절상을 입어 병원에 실려갔을 때는 사비올라가 자신의 유니폼에 쾌유 메시지를 담아 선물로 보내주기도 했다.

메시는 여러 인터뷰에서 자신의 어린 시절 우상으로 마라도나의 이름 대신 리버플레이트에서 뛰던 플레이메이커 파블로 아이마르Pablo Aimar의 이름을 자주 언급했다. 물론 메시가 직접적으로 우상이라고 지칭한 인물은 부친 호르헤가 먼저다. 아신다르 공장 직원들과 아버지가 축구를 하는 모습을 자주 찾아보았기 때문이다. 그러나 프로 선수 중 메시를 가장 사로잡은 선수는 아이마르다. 최근 아이마르가 은퇴를 선언하자 그를 위해 메시지를 전달하기도 했다. 메시가 유년기에 가장 많이 플레이를 즐겨본 선수는 아이마르라고 할 수 있다.

아이마르는 메시가 아르헨티나에 살던 시절 리버플레이트1996~2000년에서 활동했고, '광대El Payaso'나 '마술사El Mago'라는 별명으로 불릴 정도로 화려한 플레이를 선보인 선수였다. 파마머리가 마라도나를 연상케 해 그 역시도 '제2의 마라도나'로 불린 선수 중 한 명이었다. 창조적인 판단력과 볼을 다루는 섬세한 기술, 드리블링과 슈팅, 폭발적인 순간 가속력을 갖춘 아이마르는 오른발을 주로 썼다는 점을 제외하면 마라도나나 메시와 매우 흡사한 플레이를 했다. 메시의 간결하면서도 화려한 플레이는 아이마르가 선보인 장면과도 상당수 비슷하다. 아이마르도 유럽 무대에서 명성을 떨쳤고, 아르헨티나 대표 선수로 적지 않은 공헌을 했지만, 마라도나나 메시처럼 세계 축구의 일인자로 등극하지는 못했다. 그러나 아이마르의 눈부신 시절은 분명 메시에게 큰 영감을 줬다. 아이마르는 2014년 FIFA 발롱도르 시상식에 메시를 위한 영상 편지를 보내기도 했다. 메시는 자신의 우상이었던 아이마르로부터 "선수로서 너를 존경한다"는 찬사를 받았다. 아이마르는 "아직도 축구가 즐겁느냐"라는 질문에 자신은 물론 메시가 만들어낸 놀라운 플레이의 기반이 '즐김'이라는 것을 다시 한 번 강조하기도 했다.

그러나 정작 메시의 성장기에 근거리에서 진정한 멘토 역할을 한 인물은 아르헨티나 출신이 아니라, 브라질 출신의 스타 호나우지뉴 Ronaldinho였다. 조안 라쿠에바 당시 바르사 유스 디렉터는 "메시가 처음 바르사 1군에 올라왔을 때 호나우지뉴가 전성기를 맞은 시기였다는 것은 아주 큰 도움이 되었다. 메시는 호나우지뉴라는 나무 그늘에서 자란 버섯 같았다. 메시는 호나우지뉴와 함께하면서 강해졌다"고 말했다.

호나우지뉴는 메시에게 자신의 플레이를 근거리에서 보고 배울 수 있도록 해준 것뿐 아니라, 경기장 안에서나 밖에서 많은 부담을 줄여준 존재였다. 호나우지뉴라는 슈퍼스타의 존재는 특급 유망주 메시를 향한 여론의 관심을 줄어들게 해줬다. 경기장 위에서도 수비의 견제가 호나우지뉴에게 주로 집중되는 경우가 많았다. 메시는 여론의 관심에 대한 부담이나, 상대 수비의 거친 견제를 호나우지뉴를 통해 어느 정도 덜어낸 채 성장할 수 있었다. 슈퍼스타가 압박감과 부담감을 이겨내고 경기장 위에서 실력을 발휘하는 과정을 아주 가까이서 지켜볼 수 있었던 것도 값으로 헤아릴 수 없을 정도로 큰 경험이었다. 그러나 메시가 호나우지뉴에게 받은 영향은 이러한 간접적인 측면이 전부가 아니다. 호나우지뉴는 메시를 직접 살뜰히 아끼고, 가르친 선배였다.

프랑크 레이카르트 감독은 2004/2005시즌부터 메시를 바르사 1군 훈련에 본격적으로 합류시켰다. 이미 유소년 레벨에서 큰 명성을 쌓은 메시에 대해 호나우지뉴는 잘 알고 있었다. 메시가 1군 훈련장에 모습을 나타낸 첫날 주차장에서 먼저 아는 척을 하며 인사를 건넨 것도 호나우지뉴였다. 호나우지뉴는 메시를 편하게 해주며 1군 선수단에 어색함 없이 녹아들 수 있도록 도와줬다. 호나우지뉴는 메시와 첫 번째 훈련을 한 뒤 메시의 잠재력을 곧바로 알아차렸다. 호나우지뉴는 동료들에게 "이 녀석이 나보다 더 뛰어난 선수가 될 것"이라고 말했다. 그라운드 위에서 원하는 모든 것을 이뤄가던 호나우지뉴의 말에 모두가 농담처럼 듣고 넘기려 했다. 호나우지뉴는 진지하게 재차 그 점을 어필하려 했다. 몇 차례 메시와 훈련을 더 겪고서 다른 동료 선수들도 호나우지뉴의 이야기에 수긍하게 되었다.

당시 호나우지뉴는 친하게 지내던 스페인 축구 기자 크리스티나 쿠베로에게 전화까지 걸어 "방금 막 훈련을 했는데 앞으로 나를 능가하게 될 녀석과 뛰고 왔다"고 이야기할 정도로 큰 충격을 받은 듯했다. 쿠베로가 "과장하는 것 아니냐"고 대꾸하자 "그 녀석이 뭘 했는지 모를 거야. 정말 뛰어나"라고 설명에 나섰다. 이 점에 대해서는 레이카르트 감독과 헹크 텐카테 코치 등 코칭스태프의 의견도 같았다. 텐카테 코치는 "우리는 메시가 호나우지뉴보다 뛰어난 선수가 되리라는 것을 알고 있었다"고 말했다.

호나우지뉴는 자신을 능가하게 될 재능을 만난 것을 위협이나 걱정이 아닌 즐거움으로 받아들였고, 후배가 더 잘 성장할 수 있도록 이끌기로 결심했다. 호나우지뉴의 이 같은 자세와 배려심은 프로 선수로 발돋움하는 과정에 있던 과도기의 메시에게 아주 큰 도움이 되었다. 호나우지뉴는 구체적으로 메시에게 1군 팀 적응, 전술적 조언, 기술적 발전 등 총 세 가지 측면에서 긍정적인 영향을 끼쳤다. 호나우지뉴는 메시가 2004년 10월 16일 만 17세 114일에 불과한 나이로 에스파뇰과의 스페인 프리메라리가 경기에 데뷔할 수 있었던 과정에도 결정적인 기여를 한 인물이다. 신중하게 1군 데뷔전 출전 기회를 조율하던 레이카르트 감독에게 "더 이상 시간 낭비를 해선 안 된다"며 메시의 1군 엔트리 포함을 강력하게 주장하고 나선 것이 그다.

메시가 바르사 1군 팀에 빠르게 녹아들 수 있었던 데에는 호나우지뉴의 역할이 컸다. 당시 1군 팀의 분위기를 주도하던 호나우지뉴가 메시를 친동생처럼 챙겼기 때문이다. 메시는 바르사 유소년 팀에서는 카탈루냐 아이들과 친하게 어울렸는데, 바르사 1군 팀에는 세계 각지에서 온 화려한 명성의 스타들이 많았다. 그중에서도 호나우지뉴, 데쿠Deco, 포르투갈 대표 선수지만 본래 브라질 출신이다, 시우비뉴Sylvinho, 티아구 모타Thiago Motta 등 브라질 출신 선수들이 특유의 '흥'으로 라커룸을 재미있게 만들었다.

호나우지뉴는 훈련 후 식사 시간이나 여가 시간에도 메시를 함께

데리고 다녔다. 한 달에 한 번씩 정기적으로 가진 저녁 모임에도 메시를 꼭 불렀다. 메시를 '형제Irmao, 포르투갈어'로 부르며, 실제로 형제처럼 대했다. 프리시즌에 아시아 투어를 다녀온 뒤에는 더욱더 돈독한 관계가 되었다. 브라질 출신의 호나우지뉴, 데쿠, 시우비뉴 등은 축구적으로는 라이벌 관계에 있는 아르헨티나를 적대시하는 편이었는데, 식사 시간에 늘 메시와 함께 밥을 먹었다. 그는 "이 식탁에 앉을 수 있는 유일한 아르헨티나 사람"이라고 농담을 하곤 했다. 내성적인 성격의 메시는 말이 많지 않은 편이었지만, 메시가 이들 사이에서 즐겁게 웃는 모습은 쉽게 발견할 수 있었다.

메시는 호나우지뉴가 팀을 떠난 이후 바르사 구단 방송과의 인터뷰에서 "1군 라커룸에 처음 갔을 때 호나우지뉴와 데쿠, 시우비뉴, 모타 등 브라질 선수들이 내가 쉽게 적응할 수 있도록 도와줬다"고 고백했다. 메시는 호나우지뉴에 대한 특별한 마음을 표하며 바르사 시절 말기에 그가 팬들로부터 비판을 받은 것에 대해 잘못된 행동이라고 지적했다.

"특히 호나우지뉴가 잘해줬다. 팀의 스타인 그에게 많은 것을 배웠다. 처음부터 내게 잘해준 것에 대해 정말 감사하다. 호나우지뉴가 정말 큰 도움을 줬다. 라커룸 생활을 하면서 지금까지 그 정도까지 해준 사람은 없었다. 모든 것이 다 쉽게 되도록 만들어줬다. 호나우지뉴가 나타나면 안 좋던 분위기도 밝아진다. 그가 우승컵을 가져오기도 했지만, 그가 모두를 행복하게 했었다. 바르사는 호나우지뉴가 준 것에 항상 감사해야 한다."

호나우지뉴가 메시의 1군 정착에 준 결정적 도움은 메시의 라리가 데뷔골을 그가 직접 만들어준 것이다. 2004/2005시즌 알바세테와의 라리가 34라운드 경기, 바르사는 리그 1위로 우승이 유력한 상황이었다. 그러나 레알마드리드가 거센 추격을 하고 있어 한 경기 한 경기의 결과가 중요했다. 알바세테는 한 수 아래의 상대였지만, 미드필더 차비가 징계로 나설 수 없는 상황에 경기가 잘 풀리지 않았다. 1-0으로 리드를 하고 있는 상황이었지만 마지막까지 팽팽한 긴장감이 유지됐다. 레이카르트 감독은 경기 종료 7분여를 남기고 교체 투입 카드로 메시를 택했다. 메시는 이 경기 전까지 1군 경기에는 6차례 출전했으나 적은 시간만을 소화했고, 여전히 바르사B팀 경기에 주로 나서고 있었다. 메시는 공격수 사뮈엘 에토오 대신 들어갔고, 호나우지뉴는 그라운드에 들어선 메시에게 귓속말을 전했다.

"네가 골을 넣을 수 있도록 패스를 해줄게. 내일 신문 1면의 주인공은 네가 될 거야."

경기 시간은 얼마 남지 않았지만, 호나우지뉴는 그 말을 현실로 만들었다. 후반 종료 시점이 다가온 순간, 호나우지뉴는 페널티 에어리어 전방 우측 지역에서 문전 중앙으로 침투하는 메시를 향해 수비의 키를 넘기는 절묘한 로빙 패스를 전달했다. 메시는 골키퍼를 침착한 로빙 슈팅으로 통과시켜 골망을 흔들었는데 심판이 오프사이드를 선언했다. 리플레이상으로는 오심이었으나 골은 인정되지 않았다. 낙담한 메시에게 호나우지뉴는 다시 다가가 "다시 패스해줄게"라고 말했고, 후반 45분을 넘긴 시간, 호나우지뉴의 로빙 패스가 다시 메시에게 이어졌다. 메시는 골키퍼를 넘기는 마무리 슈팅을 성공시켰고, 관중의 함성과 함께 골이 인정됐다. 호나우지뉴가 먼저 달려가 메시를 등에 업어주었다. 메시가 뛴 지 채 10분이 안 되는 시간 동안 두 장면 외에도 호나우지뉴는 메시에게 패스를 하겠다는 일념 하나로 여러 차례 메시에게 패스를 했다. 메시의 데뷔골을 직접 만들어주고 싶다는 의지가 강력했다. 메시는 경기 후 믹스트존에서 가진 인터뷰에서 "모든 선수들이 다 잘해주지만 호나우지뉴와는 특별한 관계"라고 말하기도 했다. 프로 데뷔골 맛을 본 메시가 이후 더 자신감 있는 플레이를 하게 된 것은 자연스러운 수순이었다. 호나우지뉴가 메시의 어깨를 더 가볍게 만들어주고, 그의 활약에 가속 페달을 밟아준 것이다.

호나우지뉴가 메시에게 준 것은 '패스'만이 아니다. 경기 중 전술적인 대응에 대해서도 노하우를 전수했다. 당시 호나우지뉴는 미국프로농구NBA를 즐겨보며 농구에서의 움직임과 전술을 축구에 응용하는 것에 골몰하고 있었다. 실제로 호나우지뉴의 탁월한 전술적 움직임과 창조적 플레이 패턴은 NBA에서 참고한 것이 많았다. 호나우지뉴는 이 방법을 메시에게도 알려줬다. 어시스트를 하는 방법이나 상대 수비를 블로킹하며 공간을 활용하는 법, 경기를 이해하는 법 등에 대해 NBA 영상이나 서로 간의 대화를 통해 알려주었다. 경기 중에도 "내가 얘기하면 숨어 있다가 오른쪽 측면에서 나타나"라는 매우 구체적인 주문을 주고받으며 콤비 플레이의 합을 맞췄다.

메시는 호나우지뉴와 함께 보낸 시간을 통해 경기 전술에 대해 배우고, 발전했다. 메시는 호나우지뉴가 떠난 뒤에도 "서로 자주 통화를 한다. 서로 하고 있는 일들에 대해 설명도 하고 이야기를 나눈다"고 밝히기도 했다. 바르사에서 함께 생활했던 아이슬란드 미드필더 아이두르 구드욘센은 "호나우지뉴는 축구 이야기를 꽤 자주했는데, 그럴 때마다 메시가 아주 집중해서 듣던 모습을 볼 수 있었다. 메시는 존경하는 스타를 보는 팬처럼 호나우지뉴의 이야기에 매료되어 있었다"고 회고했다. 호나우지뉴는 메시 못지않은 천재였고, 메시가 걷는 길을 먼저 걸은 선배다. 메시는 "호나우지뉴는 내가 겪는 일들을 다 알고 있다"고 말하며 따랐다.

호나우지뉴가 메시의 기술 발전에 보이지 않게 기여한 또 하나는 바르사 훈련장에 족구 열풍을 일으킨 것이다. 통상적으로 유럽 축구팀의 훈련은 하루에 한 번, 2시간이 넘지 않게 진행된다. 막 1군 훈련에 합류한 메시의 일정은 팀 훈련을 소화한 뒤 추가적인 피지컬 트레이닝을 하고 마사지를 받는 것이었다. 그 이후에는 집으로 돌아가면 되는 상황이었는데, 메시의 일과에는 거의 정기적으로 바르사 구장의 실내 워밍업장을 들르는 것이 포함되어 있었다. 여기에서는 바르사 코칭 스태프와 선수들 사이에서 족구 시합이 열렸다. 오전 훈련을 마치고 점심 식사를 한 뒤 선수들은 자유 시간을 가지기 위해 구장을 나서기보다, 족구 시합을 통해 공과 더욱 친해질 수 있는 시간을 보냈다. 추가적인 훈련의 의미는 아니었다. 이는 호나우지뉴와 시우비뉴의 주도로 시작된 놀이, 내기의 일종이었다. 족구는 철저히 일대일의 대결로 펼쳐졌다. 워밍업장 한쪽 구석에 직접 라인과 네트를 설치해 족구 게임을 주최했다. 방식은 3번의 터치 이내에 네트를 넘기는 것이고, 먼저 11점을 내는 쪽이 이기는 것이었다.

바르사 선수단 내의 족구 내기 시합은 큰 신드롬이 됐다. 당시 바르사 선수였던 네덜란드 대표 선수 히오바니 판브롱크호르스트는 "훈련을 마치고서 오후 내내 족구 시합으로 하루를 보냈다. 오후 6시까지 진행되었을 때도 있었다"고 회고했다. 페르난도 나바로는 "경기 전이나 훈련이 끝난 뒤에 하곤 했다. 갈수록 네트가 높아지고 게임에 대한 집중도가 높아져 기술 발전에도 아주 큰 도움이 됐다"고 설명했다. 족구 시합이 짧게 마칠 때도 있었기 때문에 리그 경기가 열리는 날 가벼운 훈련 뒤에도 선수들은 족구를 빼놓지 않았다.

바르사에서 최고의 기술을 갖춘 선수는 호나우지뉴였지만, 족구 시합에 있어서 최강자는 시우비뉴였다. 메시가 등장하기 전까지의 이야기다. 메시가 1군 훈련에 합류해 족구 시합에 나서면서 챔피언이 바뀌었다. 메시는 족구 시합에도 남다른 승리욕을 보였다. 다른 이들의 시합까지도 아주 집중해서 관찰하며 승리를 위한 방법에 골몰했다. 워밍업장 구석의 기둥을 노리는 방식으로 필승 득점법을 찾아내기도 했다.

나바로는 "메시가 최고였다. 절대 막을 수 없는 곳으로 찼다"고 기억했다. 판브롱크호르스트는 "메시는 괴물이다. 메시와의 대결은 불공정한 게임이었다"고까지 말했다. 프로 선수가 되면 오히려 유년기나 청소년기에 비해 훈련량이 부족해질 수 있는데, 메시는 어린 나이에 올라와서도 기술과 기본기를 단련할 수 있는 족구 게임에 열중함으로써 부족한 부분을 더 단련하고 채울 수 있었다. 호나우지뉴가 바르사에 족구 열풍을 불러온 영향이다.

"유년기의 우상이 갖는 막대한 영향력"

메시의 등장 이전에 세계 최고 선수에 대한 논쟁은 펠레와 마라도나, 요한 크루이프와 프란츠 베켄바우어에 이어 호나우두와 지네딘 지단을 두고 벌어졌다. 메시는 마라도나와 호나우지뉴에게서 큰 영향을 받았지만, 호나우두와 지단이라는 세기의 영웅에게서 배운 점도 많다고 2015년 축구 통계 전문 매체 '스쿼콰Squaqwa'와의 인터뷰에서 밝혔다.

"브라질의 호나우두는 내가 자라면서 우상으로 삼았던 선수다. 그는 바르사와 브라질에서 믿기지 않는 플레이를 했다. 그보다 뛰어난 재능을 보인 공격수는 본 적이 없다. 그는 아무것도 없는 상황에서 골을 만들어낸다. 내가 축구계에서 본 최고의 슈팅 능력을 갖춘 선수였다. 게다가 피치 밖에서도 훌륭한 사람이다. 역할 모델은 지단이었다. 지단의 플레이를 보는 것은 내가 정말 좋아하는 일 중 하나였다. 지단은 프랑스의 영웅이다. 축구를 떠나서도 위대한 인물이다."

메시는 호나우두와 같은 폭발적인 드리블을 구사하고, 무에서 득점을 창조하며, 기막힌 슈팅력을 선보이고 있다. 지단과 같이 우아한 볼 컨트롤과 볼 배급도 구사한다. 개별적 포지션에 특화된 것이 아니라, 자신이 우상으로 삼은 이들이 보인 모든 능력을 갖추고 축구를 지배하고 있다. 메시의 기술도 무에서 창조된 것은 아니다. 이처럼 수많은 우상을 통해 받은 영향으로 구성된 것이다. 유년기에 어떤 우상을 만나고, 배울 수 있는가가 중요하다는 증거다.

　1교시에서 설명했듯, 해당 국가나 지역에서 어떤 분야에 종사하는 사람이 존경을 받는지, 그리고 어떤 분야에서 최고의 자리에 오른 인물을 배출했는지가 성장기의 아이들에게 미치는 영향은 크다. 사회적으로 인정받는 영웅, 그리고 우리 사회의 위상을 높인 영웅은 그의 후계자를 꿈꾸는 많은 아이들에게 희망의 증거가 된다. 엘리트 중심주의가 만연한 한국에도 이에 대응할 만한 사례가 많다. 골프 선수 박세리는 한국 여자 골프의 저변을 확대시킨 입지전적인 인물이며, 박찬호는 한국 프로야구 선수들의 메이저리그 진출 러시를 이끌었고, 김연아는 이전까지 사람들에게 잘 알려져 있지 않은 피겨스케이팅 종목을 대중화시켰다. 축구는 이미 인기 종목이었으나, 박지성이 맨체스터유나이티드에 입단하면서 유럽 명문 클럽 진출이 가능하다는 것을 보여줬다. 그 벽을 넘은 것은 한국의 수많은 축구 꿈나무들에게 '유로포비아'로 불리는 막연한 '주눅 듦' 현상을 없앴다. 이후 등장한 한국 축구의 신세대 스타들은 겁 없이 세계에 도전했고, 세계적인 선수들과 쉽게 어울리며 성공 시대를 열었다.

　이러한 존재들이 우리가 흔히 '롤모델'이라고 칭하는 역할 모델이다. 사회학 사전에 따르면 역할 모델은 사람의 특정한 사회적 역할의 실행에서 드러나고 지지되는 적절한 가치, 태도, 행동들이 기준이 되어 다른 사람들에게 도움을 준다. 사람은 타인과 같은 역할의 수행 속에서 모델 대상을 닮으려고 시도하며 그 모델과 동일시한다. 사회학자 머튼Merton은 준거적 개인reference individual과 역할 모델을 구분하였다. 전자에서 개인은 그가 수행하는 많은 역할 속에서 준거 대상의 가치와 태도, 행동들과 유사해지도록 노력한다. 후자에 있어서 개인은 모델이 수행하는 몇몇 역할만을 동일시하고 모사하려는 열망을 갖게 된다. 좋은 역할 모델을 만나는 것이 중요한 이론적 이유다.

∴

실전 적용 TIP
"좋은 역할 모델을 찾고 만나라"

우상idol이라는 단어가 대중가수를 뜻하게 된 시대다. TV와 인터넷, 스마트폰을 접하는 경우가 많은 요즘 아이들이 TV 속에서 가장 화려한 모습으로 등장하는 연예인을 동경하고, 꿈꾸는 것은 당연한 일이다. 요즘 인기 있는 오디션 프로그램을 보면 중고교생은 물론 초등학생의 나이에도 높은 수준의 가창력과 춤 실력을 뽐내는 아이들이 많다. 이들을 보고 따라 하며 숙련도를 높인 것이다.

대중문화 분야의 스타가 되는 것도 좋은 일이다. 자신이 즐기는 일을 잘하고, 이를 통해 인정받는 것은 권장할 만하다. 그러나 대중문화 분야를 동경하는 아이들이 많은 것은, 그 분야가 특별히 좋아서라기보다는 어린 나이에 쉽게 접하게 되는 분야이기 때문이라 할 수 있다. TV에는 유익한 프로그램도 많지만, 아이들이 끌리는 것은 유익한 프로그램보다는 화려하고 즉각적인 재미를 주는 예능 프로그램인 경우가 많다. 잠시 아이를 방치한 사이, 이미 아이가 TV 프로그램 속의 세상에 빠져 다른 분야에는 관심을 갖지 않게 될 수 있다.

아이들이 다양한 분야를 경험하고, 꿈꿀 수 있도록 하기 위해선 TV 밖의 세상, TV 밖의 스타를 더 자주 접하게 해줄 필요가 있다. 아이가 어떤 분야에 흥미를 느끼고, 동경하게 될지는 모르는 일이다. 마침내 아이가 꿈꾸는 인물을 찾게 되었다면, 그 인물의 작업을 TV 화면 등을 통해 간접적으로 보여주기보다 직접 보고 느낄 수 있는 기회를 제공해라. 그렇게 하면 아이는 더 큰 영감을 얻을 수 있을 것이다. 나아가 롤모델에게서 직접 배우고, 조언을 들을 수 있는 기회에 도달한다면 금상첨화다.

KEYWORD M

"바흐를 만나 오페라를 깨우친 모차르트"

모차르트가 수많은 음악 작업 중 가장 좋아했던 장르는 오페라다. 그는 25세 때 아버지에게 쓴 편지에서 "내 머릿속과 두 손은 이 오페라의 3막으로 가득 차 있습니다. 나 자신이 3막으로 변한다 해도 놀랍지 않을 정도"라고 말하며 오페라와 자신이 혼연일체임을 고백했다. 부친 레오폴트는 이미 모차르트가 여덟 살 때 오페라를 동경하고 있었다고 말한 적이 있다. 이탈리아 밀라노에 머물던 1771년 11월 모차르트는 가장 좋아하던 요한 아돌프 하세의 오페라 한 작품 전체를 통째로 머릿속에 외우고 있었을 정도로 오페라에 대한 탐미심이 컸다. 오페라는 규모가 크기 때문에 마음만 가지고 만들고, 상연할 수 없었다. 그래도 모차르트는 1770년대 중반, 10대의 나이에 위촉을 받아 여섯 편의 오페라 실험작을 만들었다. 〈보아라, 바보 아가씨(La Finta Semplice)〉를 12살 때 썼고, 〈폰토의 왕 미트리다테〉, 〈루치오 실라〉, 〈이도메네오(Idomeneo)〉를 쓰면서 당대 최고의 오페라 작곡가로 인정받았다. 여전히 10대의 나이에 이룬 일이다. 오페라는 음악과 더불어 대본도 중요했는데, 모차르트는 이야기를 만들어내는 데 있어서도 천부적인 재능을 보였다. 물론 조력자도 있었다. 그 유명한 〈피가로의 결혼(Le Nozze Di Figaro)〉을 비롯해 〈돈 조반니〉 등의 작품은 대본작가 로렌초 다폰테와 함께 썼다.

모차르트는 극을 위한 효과적인 음악 연출과 대사 배치 등 모든 면에서 이전에 나온 어떤 오페라 작곡가보다 탁월했다. 그는 단순히 오페라 안에서 음악을 담당한 것이 아니라 오페라 전체를 연출하는 장악력을 갖추고 있었다. 모차르트의 오페라는 현실을 매우 잘 반영했던 것으로 유명하다. 오페라 안에서 사랑하고 죽고 즐기면서 실제보다 훨씬 더 진실에 가까운 이야기를 만들어냈다. 그리하여 오페라 중의 오페라로 인정받았다.

그 모든 것을 혼자 힘으로 배우고 깨우친 것은 아니다. 하이데거는 "모차르트는 들을 수 있는 모든 이들 가운데서 가장 잘 들을 줄 아는 이들 중 하나"였다고 했다. 모차르트는 잘 들을 수 있었기에 잘 배웠다. 모차르트는 언제나 새로운 음악적 경향에 기민하게 반응하며 자신의 것으로 흡수하기 위한 노력을 게을리하지 않았다.

어린 시절 부친으로부터 음악 수업을 받은 이후 세계 각지를 돌며 만난 저명한 음악인들과의 교류 속에 내공이 쌓였다. 이탈리아 방문 당시 조반니 마르티니 신부를 만나 대위법을 배웠다. 현악사중주의 아버지로 불리는 요제프 하이든에게서는 교향곡 작곡에 영향을 받았다. 그의 작품 전체를 통째로 베껴보며 배움을 얻고 자신만의 방식대로 곡을 써내려갈 수 있었다. 성인이 된 후에 하이든을 직접 만나 친밀하게 교류했고, 하이든으로부터 최고라는 평가를 받기에 이른다. 하이든은 모차르트에겐 음악적 아버지로 불릴 정도로 영향이 컸다. 하이든은 모차르트를 자신보다 높게 평가했다. 모차르트는 요제프 하이든의 형제 마하엘 하이든의 음악도 자신의 기질과 잘 맞는다는 판단을 내리고 배우는 데 주저하지 않았다.

모차르트는 1771년에는 밀라노에 살면서 위층과 아래층에 바이올린 연주자, 옆방에 성악교사, 맞은편 방에 오보에 연주자가 살고 있는 방에 있었기에 많은 악상이 떠올라 작곡이 재미있었다고 말했다. 모차르트는 음악적으로 편식하지 않는 인물이었다. 관찰과 모방도 배움의 자양분이었다. 협주곡의 경우 오페라의 영향을 크게 받았다.

음악의 아버지로 불리는 요한 세바스티안 바흐의 음악도 자연히 모차르트에게 영향을 줬다. 실은 모차르트가 가장 결정적으로 영향을 받은 인물은 그 유명한 바흐가 아닌 그의 아들 요한 크리스티안 바흐였다. 모차르트는 1765년 영국 런던을 방문하던 중 바흐의 막내아들 요한 크리스티안 바흐를 만나 우정을 나눴다. 연주 신동이었던 모차르트가 작곡에 매진하겠다는 마음을 먹게 된 것이 이때다. 바흐의 영향으로 첫 교향곡 작곡에 대한 시도가 이뤄졌고, 이탈리아 오페라에 대한 사랑이 싹텄다. 이탈리아 오페라로 재미를 보았던 바흐의 음악 스타일이 어린 모차르트의 마음에 파문을 일으켰기 때문이다. 모차르트는 세기의 음악가들과 교류했고, 그들의 음악에서 영향을 받았으나, 나이를 초월한 우정을 나눈 요한 크리스티안 바흐야말로 가장 강력한 영향력을 행사한 멘토였다. 학교를 다니지 못했고, 계속된 연주 여행으로 동네 친구도 사귀기 어려웠던 모차르트에게 우정은 음악인들 사이에서만 가능한 일이었다. 동갑내기 친구는 1770년 피렌체 방문 당시 만난 영국의 바이올린 신동 토머스 린리 정도뿐이었다. 둘은 헤어지던 날 눈물을 흘릴 정도로 깊은 사이가 되었으나 린리가 8년 뒤 22살의 나이로 익사하면서 더 이상 만날 수 없었다.

모차르트는 자신만의 세계를 완전히 구축한 뒤에는 더 이상 다른 작곡가들의 음악을 통해 새로운 곡을 재창조하는 작업은 하지 않았다. 온전히 자신의 창조물로 세기의 음악을 완성했다.

따뜻한 레이카르트, 치밀한 과르디올라를 만나다

스승도 스타가 되는 시대입니다. 대한민국의 치열한 입시 교육 속에 같은 내용이라고 하더라도 더 알기 쉽고, 효율적으로, 빠르게 이해시키는 스타 강사들이 인기입니다. 축구계에도 스타 감독이 선수 못지않은 부와 인기를 누립니다. 좋은 재능이 있고, 해당 분야에 열의를 갖고 있어도, 좋은 스승을 만나지 못하면 성장이 정체될 수 있습니다. 너무 엄한 스승을 만나 아예 흥미를 잃을 수도 있고, 너무 어려운 과제를 만나 좌절할 수도 있으며, 너무 느슨한 지도 방식으로 나태해질 수도 있습니다. 스승은 아이가 지속적으로 동기부여를 갖고, 그 아이의 장점을 최대한 살려주고, 아이가 더 발전할 수 있는 방향으로 끌어줄 수 있는 혜안을 갖고 있어야 합니다. 단순히 이론적 지식을 전달하는 것뿐 아니라 그 아이가 어떤 성향인지를 파악하고, 규정된 모범 답안이 아니라 그 아이를 위한 맞춤식 교육을 진행할 수 있는 세심함을 갖추고 있어야 합니다.

리오넬 메시는 유소년 선수 시절부터 성인 선수가 될 때까지, 그가 가진 재능을 어떻게 하면 최대한 끌어낼 수 있을까를 고민한 감독들과 함께해 왔습니다. 그중에도 전술적 디테일 면에서 최고의 능력을 가진 감독, 메시와 축구적으로 이상을 함께 공유하는 감독, 가짜 9번이라는 전술로 메시의 득점력을 역대 최대치로 끌어낸 감독 주제프 과르디올라(Josep Guardiola)를 만난 것은 행운이었습니다. 그에 앞서 그가 가진 재능을 단계적으로 발전시키며 잘못된 방향으로 나아가지 않게 한 프랑크 레이카르트 감독의 역할도 언급하지 않을 수 없습니다. 바르사가 메시의 성공에 영향을 준 것은 라 마시아뿐 아니라 1군 팀에 좋은 지도자를 보유하고 있었기 때문입니다.

"레이카르트와 단계적 성장, 과르디올라와 최대치 성장"

　제아무리 메시가 뛰어난 실력을 갖추고 있다고 하더라도, 그와 보조를 맞춰줄 동료 선수, 그리고 그의 능력을 극대화할 전술을 구성하고, 그를 기용해줄 감독의 도움이 없다면 11명이 하나의 팀으로 기능해야 하는 축구 경기에서 성공할 수 없었을 것이다. 메시는 세계 최고의 명문 클럽 중 하나인 바르사에서 활동하면서 세계적인 명장들 아래에서 성장할 수 있었다. 더불어 아르헨티나는 남미 대륙에서 우수한 지도자를 가장 많이 배출해온 나라로 유명하다. 아르헨티나의 연령별 대표팀과 국가 대표팀에서도 메시는 성인 프로 선수로 성장하는 과정에서 유익한 시간을 보냈다.

메시를 프로 선수로 데뷔시킨 레이카르트

　메시가 바르사 1군에서 처음 만난 감독은 네덜란드 출신의 프랑크 레이카르트Frank Rijkaard다. 레이카르트 감독은 2003년 같은 네덜란드 출신 루이스 판할 감독의 뒤를 이어 바르사 감독이 된 인물이다. 현역 선수 시절 네덜란드 명문 클럽 아약스와 이탈리아 명문 클럽 AC밀란에서 수비형 미드필더로 활약하며 전성기를 보냈다. 네덜란드 대표 선수로 1988년 유럽선수권대회 우승을 이룬 그는 아약스와 밀란에서 22개의 우승컵을 들었고, 유럽 축구의 최고봉인 UEFA챔피언스리그

의 전신 유러피언컵 우승을 두 개 팀에서 모두 달성했다. 무려 3차례
나 유럽 챔피언이 됐다. 1995년 현역 생활을 마치고 지도자 공부에 나
선 레이카르트 감독은 1998년 네덜란드 대표팀 감독으로 부임해 네
덜란드와 벨기에가 공동 개최한 2000년 유럽선수권대회에 참가했다.
비록 네덜란드는 이탈리아와의 승부차기에서 패해 준결승전에서 탈
락했지만, 레이카르트 감독은 매력적인 공격 축구로 축구 팬들을 매
혹했다. 네덜란드 클럽 스파르타로테르담Sparta Rotterdam을 거쳐 정착
한 곳이 바르사였다. 네덜란드 출신의 선수들, 감독과 좋은 인연을 맺
어오던 곳으로, 바르사에 아름다운 축구 철학을 심은 요한 크루이프가
적극 추천하며 성사됐다.

레이카르트 감독은 호나우지뉴를 효과적으로 활용하며 바르사가
아름다운 축구를 통해 우승하는 팀으로 기능하게 했다. 레이카르트 감
독의 또 다른 업적 중 하나는 만 17세의 메시를 1군 팀으로 과감히 발
탁하고, 메시가 1군 팀에 빠르게 적응할 수 있도록 도와준 것이다. 메
시를 통해 열매를 맺은 감독은 후임자인 주제프 과르디올라였지만, 메
시를 바르사 1군 주전으로 자리 잡도록 한 인물이 레이카르트라는 점
은 간과해서는 안 된다.

레이카르트 감독의 눈에 들기에 앞서 메시를 바르사의 유소년 팀
에서 지도한 감독들도 모두 메시를 정해진 틀에 가두려 하지 않았다.
공을 최대한 오래 소유하기를 바라고, 문전을 드리블로 무너트린 뒤
득점하는 플레이를 즐겼던 메시는 미드필더와 스트라이커의 라인 사
이, 아르헨티나에서 '갈고리Enganche'라 불리는 처진 공격수 포지션에

서 뛰는 것을 가장 선호했다. 당시 바르사는 1군 팀과 유소년 팀 모두 3-4-3 포메이션과 4-3-3 포메이션을 번갈아 사용했기 때문에 메시가 즐기는 포지션이 존재하지 않았다. 메시는 유소년 팀에서 주로 측면 공격수로 배치되곤 했다. 측면 공격수이지만 중앙과 전방으로 자유롭게 움직이며 뛰었다.

2002/2003시즌 바르사 후베닐B팀에서 메시를 지도한 알렉스 가르시아 감독은 "15살의 메시는 자신이 가진 능력에 대한 믿음으로 가득 차 있었다"고 기억한다. 그도 메시를 측면 공격수로 배치했으나 메시는 스스로를 공격형 미드필더로 여기고 자유로운 움직임을 가져가며 공격을 이끌었다. 중앙으로 치고 들어와 경기를 만들어가는 플레이를 구사했는데, 가르시아 감독도 메시를 나무라거나 제지하지 않고 그가 가진 재능을 그라운드 위에서 마음껏 펼치도록 허락했다. 다른 동료 아이들에게도 다양한 포지션 변화를 가르쳐 메시의 플레이를 살리는 것은 물론, 모든 아이들이 동반 성장할 수 있는 환경을 조성해주었다. 월반을 거듭하던 메시가 한 팀에서 온전히 시즌을 보낸 것은 가르시아 감독이 이끈 2002/2003시즌이 유일했는데, 메시는 팀 내 최전방 스트라이커였던 바스케스31골보다 많은 득점36골을 기록하며 팀 공격의 중심 역할을 했다.

2003/2004시즌에 메시는 후베닐B팀에서 후베닐A, 바르사C, 바르사B팀에 이어 1군 팀의 부름을 받기까지 무려 4번의 월반을 경험하게 된다. 바르사B팀의 페레 그라타코스Pere Gratacos 감독이 후베닐 단계에서 훈련하던 메시에게 매료된 것이 고속 월반의 단초다. 바르

사B팀은 어느 때나 1군 팀에 선수를 보낼 수 있어야 하는 상황이었기에, 1군 팀과 완전히 같은 전술을 사용하며 운영되었다. 바르사 1군의 레이카르트 감독은 바르사B팀의 선수 자원을 매일 같이 직접 살필 수 없었기에 매주 화요일 그라타코스와 미팅을 갖고 바르사B팀 선수들의 상태를 파악했다.

메시는 바르사B팀 선수 중 가장 어렸지만, 가장 심도 깊게 논의된 선수다. 당시 바르사의 공격은 스리톱 가운데 왼쪽에 배치된 호나우지뉴를 중심으로 빌드업을 전개했다. 레이카르트 감독의 고민은 호나우지뉴를 지원해줄 또 다른 공격수였다. 그라타코스 감독은 메시를 오른쪽 측면에 배치했고, 1군에 올라가서 호나우지뉴와 좌우 측면에 동시 기용되는 방식에 대한 적응력을 미리 키우도록 했다. 레이카르트 감독과의 논의에 이은 결과였다. 메시 스스로도 측면에서 전통적인 윙 플레이보다 중앙으로 치고 들어오는 커트인 플레이를 선호했는데, 바르사B팀은 아예 이런 패턴 플레이를 집중적으로 단련시켰다.

레이카르트 감독은 2003년 11월 FC포르투와의 친선 경기에 메시를 전격 발탁해 후반 막판 교체 투입했다. 이 경기 이후 레이카르트 감독은 헹크 텐카테 코치, 치키 베히리스타인 단장과의 미팅에서 "총알처럼 등장한 메시가 호나우지뉴의 파트너로 손색이 없다"는 합의에 도달했다. 레이카르트 감독은 메시에게 일주일에 한 번 1군 훈련을 함께하도록 지시했고, 성장 흐름에 따라 1군 훈련 합류 날짜를 2일, 3일씩 늘리기로 했다. 후베닐 감독 및 바르사B팀 감독에게 매주 정기적으로 경기에 투입해줄 것을 주문했다.

바르사는 2004/2005시즌에 원대한 목표를 세우고 팀 리빌딩 작업에 나섰다. 패트릭 클라위베르트, 필리프 코쿠, 에드하르 다비즈, 미카엘 라이지헤르 등 오렌지 커넥션이 팀을 떠났고, 주장 루이스 엔리케와 빠른 윙어 마르크 오베르마르스가 은퇴를 하면서 대체 자원이 다수 필요했다. 바르사는 FC포르투에서 UEFA챔피언스리그 우승을 이끈 데쿠, AS모나코의 준우승을 이끈 루도빅 지울리를 영입했다. 여기에 비야레알 풀백 줄리아노 벨레티, 올랭피크리옹 수비수 에드미우송, 셀틱 공격수 헨리크 라르손, 셀타비고의 풀백 시우비뉴, 마요르카 공격수 사뮈엘 에토오 등 검증된 선수들이 차례로 합류했다.

이들은 즉각적으로 효과를 내기 위한 자원이었고, 레이카르트 감독은 더 먼 미래를 바라보며 메시를 1군 팀에 데뷔시킬 계획도 세우고 있었다. 실제로 2004년 10월 16일 RCD에스파뇰과의 라리가 경기에 메시를 교체 투입해 만 17세 11일의 나이로 당시 기준 역대 최연소 데뷔전을 치를 수 있도록 했다. 메시는 "레이카르트 감독님이 내 프로 경력이 시작되는 기회를 만들어주신 것은 절대로 잊지 못할 것"이라며 고마움을 표했다. 메시는 "겨우 16살, 17살밖에 안 되는 아이에게 큰 신뢰를 주셨다"고 말했다. 메시는 에스파뇰과의 경기에 데쿠 대신 투입되어 8분여를 뛰었지만 특별한 인상을 남기지는 못했다. 바르사는 1-0으로 승리했다.

메시는 레이카르트 감독의 주문 속에 바르사B팀에서 정기적으로 경기를 뛰며 피지컬적인 어려움을 극복해나가고 있었다. 레이카르트 감독은 메시의 재능에 대해서는 이미 성인 무대에 나서도 손색이 없다고 인정하고 있었지만, 1부 리그 무대에서 살아남기 위해서는 더 강해져야 한다는 사실도 간과하지 않았다. 몸을 더 강하게 단련한 뒤 단계적으로 기회를 부여해야 메시가 상처 없이 프로 선수로 자리 잡을 수 있다고 여겼다. 에스파뇰전 출전 이후 메시는 오사수나와의 경기에도 20여 분을 뛰었지만 그 이후에는 7경기 연속 벤치에서 대기하기만 했다. 레알마드리드에 3-0 완승을 거둔 경기에도 메시는 바르사의 벤치에 있었다. 메시는 벤치에서 선배 호나우지뉴가 활약하는 모습을 세밀하게 살폈고, 레이카르트 감독이 선수단에 어떤 지시를 내리고, 어떻게 팀을 운영하는지를 익혔다. 레이카르트 감독이 메시를 1군 팀에 합류시키며 노린 부분을 메시 자신도 잘 따른 것이다.

레이카르트는 감독의 역할 중 전술 전략을 짜는 것은 20퍼센트의 비중밖에 차지하지 않는다고 생각했다. 그보다 중요한 것은 선수들이 어떤 부분을 필요로 하는지를 파악하고, 그 역할을 해줄 수 있는 것이라 여겼다. 그 스스로 풍부한 선수 경험을 통해 체득한 것이다. 레이카르트 감독은 규율보다는 유연하고 융통성 있는 감독이었고, 어린 메시를 늘 편하게 대해주었다. 농담을 건네며 큰형처럼 느끼게 해줬다. 레이카르트 감독도 이민자 가정의 출신으로 네덜란드에서 자랐고, 해외 클럽에서 선수 생활을 하며 겪은 애환을 잘 알기에 바르사 구단 내의 외국인 선수들에게 좋은 영향을 줬고, 메시의 심리 상태를 세심히 챙겼다. 레이카르트 감독이 1군에 갓 올라온 메시에게 전한 메시지는 "실수를 하는 것은 아무런 문제가 되지 않는다. 계속해서 기회를 줄 것이다"라는 믿음이었다. 타지에서 힘겨운 도전에 나서고 있는 메시에게 감독까지 프로 세계에 대한 압박감을 주어선 부작용만 나타나리라는 것을 잘 알고 있었다.

메시와 친했던 브라질 풀백 시우비뉴도 "레이카르트 감독이 메시의 프로팀 첫 번째 감독이었다는 것은 엄청난 어드밴티지였을 것"이라는 의견을 냈다. 모든 감독이 다 레이카르트와 같은 방식을 쓰는 것은 아니기 때문이다. 시우비뉴는 "레이카르트 감독은 심장이 큰 사람인 데다, 진정한 신사다. 언제나 모두에게 신경을 쓰던 사람"이라며, 레이카르트 감독과 같이 따뜻한 마음 씀씀이를 갖춘 감독과 함께 프로 생활을 시작한 것이 메시의 심리 상태에 긍정적인 영향을 줬을 것이라고 말했다.

메시는 유소년 선수로 뛰면서 경기에 나서지 못하는 상황을 극도로 싫어했는데, 바르사 1군에 녹아드는 과정 속에서도 그런 마음은 마찬가지였다. 그러나 훗날 돌이켜보고는 그런 단계적 출전이 자신에게 큰 도움이 되었다는 사실을 깨달았다. 메시는 2013년 바르사 구단 방송과의 인터뷰에서 레이카르트 감독의 방식에 대해 감사를 표했다.

"레이카르트 감독님은 단계별로 나를 끌어올려준 분이었다. 부담을 주지 않았다. 가끔은 선수단 안에 있는데 왜 나는 뛰지 못하는지 이해하지 못하던 때가 있었다. 이제 와서는 냉정하게 볼 수 있게 됐다. 그가 나를 성급하게 대하지 않은 것이다. 그 점에 대해 정말 감사하다. 레이카르트 감독님은 언제나 내게 어떤 것이 최선인지 알고 있는 분이었다."

2004/2005시즌 바르사는 스페인 프리메라리가 우승을 이뤘고, 우

승 퍼레이드에는 메시도 함께했다. 2005/2006시즌 들어 레이카르트 감독은 메시를 본격적으로 1군 선수로 기용하려 했다. 시즌 초기 스페인 시민권 취득 문제로 진통이 있었다. 유벤투스의 파비오 카펠로 감독은 조안감페르 트로피Trofeu Joan Gamper, 바르사 창립자 조안 감페르의 이름을 딴 대회로, 시즌 개막 전 홈팬들 앞에서 출정식을 벌이며 치르는 단일 친선 경기 대회다 친선경기에서 메시의 눈부신 기량을 지켜보고는 임대 선수로라도 영입하고 싶다는 메시지를 전했고, 인터밀란은 연봉의 3배를 제안하기도 했다. 레이카르트 감독은 "우리에게도 중요한 선수"라며 정중히 거절했다.

메시는 2005년 9월 최종적으로 스페인 이중국적을 인정받으면서 바르사 1군 팀의 일원으로 확실히 자리를 잡았다. 메시는 주로 교체 선수로 나섰지만 바르사가 스페인 프리메라리가와 UEFA챔피언스리그 우승을 동시에 석권하는 데 기여했다. 레이카르트 감독은 메시를 향해 '제2의 마라도나'라는 수식어가 따르자 "새로운 마라도나를 얻은 것이 아니라 새로운 메시를 얻은 것이라고 말하고 싶다. 타고난 클래스를 갖춘 메시는 여러 포지션을 소화할 수 있어 팀에 언제나 도움이 되는 선수다"라고 말하며 메시가 자신의 이름으로 빛날 수 있는 선수라고 칭찬했다.

레이카르트 감독은 "메시의 머릿속에 어떤 아이디어도 심어줄 필요가 없다. 그냥 그가 원하는 대로, 본능적으로 하도록 두면 된다"고 말하기도 했다. 세기의 재능을 자기 뜻대로 조종하려 하지 않았다. 메시는 2005/2006시즌, 리그 12라운드 레알마드리드와의 엘클라시코에 선발 출격 명령을 받았다. 그 전까지 공식전에 풀타임으로 나선 것이 겨우 두 차례뿐이었기에 예상치 못한 깜짝 카드였다. 메시 자신도 경기 시작 2시간 전까지 알지 못했던 일이다. 메시는 이 경기에서 전반 14분 에토오의 선제골을 어시스트하며 3-0 대승에 기여했다. 호나우지뉴가 두 골을 넣어 산티아고베르나베우의 레알 팬들로부터 기립박수를 받았고, 만 20세에 불과한 어린 메시의 활약도 대단했다. 이후 메시는 베테랑 윙어 지울리를 주전 경쟁에서 밀어내고 선발 출전 선수가 됐다. 레알전에 이어 라싱산탄데르와의 리그 13라운드 경기에도 선발 출전해 시즌 첫 골을 넣었고, 2007년 3월 첼시와의 UEFA챔피언스리그 16강전에서 오른쪽 허벅지 부상으로 쓰러지기 전까지 계속해서 주전 선수로 뛰었다.

메시는 2005년 12월 이탈리아 신문 「투토스포르트Tutto Sport」가 21세 이하 최고의 선수에게 수여하는 골든보이상Golden Boy Award을 수상하며 당대 최고의 유망주임을 공인받았다. 2005/2006시즌에 메시는 리그에서 6득점 2도움, UEFA챔피언스리그에서 1득점 1도움을 기록했다. 바르사는 주제 무리뉴 감독의 첼시를 탈락시킨 것을 시작으로 8강전에서 벤피카, 준결승전에서 AC밀란, 결승전에서 아스널을 꺾고 UEFA챔피언스리그 우승을 이뤘다. 비록 메시는 리그 막판 중요한 일정을 전치 10주에 달하는 부상으로 소화하지 못했지만 바르사의 2관왕 달성 과정에 빼놓을 수 없는 수훈 선수였다. 레이카르트 감독이 메시에게 보낸 믿음과 메시를 성장시키기 위한 계획이 틀리지 않았다는 것이 입증된 시즌이었다.

2006/2007시즌 메시는 호나우지뉴, 데쿠, 에토오 등이 심리적 문제로 침체기를 맞자 바르사의 진정한 에이스로 거듭나기 시작했다. 시즌 중반 왼발 부상으로 이탈했지만, 2007년 3월 10일 레알마드리드와의 엘클라시코에서 해트트릭을 몰아치며 만 19세의 나이로 자신이 새로운 바르사의 에이스라는 것을 천명했다. 2007/2008시즌, 만 20세의 메시는 이미 세계 최고의 선수 중 한 명으로 인정받게 됐다. 메시는 2006/2007시즌 스페인 라리가 26경기에서 14득점 2도움, UEFA챔피언스리그 5경기에서 1득점, 코파델레이 1경기에서 2득점을 기록했다. 2007/2008시즌에는 스페인 라리가 28경기에서 10득점 12도움, UEFA챔피언스리그 9경기에서 6득점 1도움을 기록했다. 두 시즌 모두 부상으로 뛰지 못한 시간이 적지 않았음에도 많은 공격 포인트를 기록하며 존재감을 과시했다.

메시의 전성 시대를 연 과르디올라 감독

2007/2008시즌 바르사는 성공한 팀의 허망한 몰락을 목도했다. 레이카르트 감독의 자율적인 지도 방식은 큰 성공을 이룬 선수들의 슬럼프를 통제하는 데 실패했다. 조안 라포르타 회장은 팀에 대대적인 개혁이 필요하다고 느꼈다. 호나우지뉴와 눈물의 작별을 결정했고, 레이카르트 감독의 사임도 결정됐다. 호나우지뉴가 달았던 에이스의 번호, 등번호 10번의 주인공이 메시라는 것은 예정된 수순이었다. 그 다음 문제는 차기 사령탑이었다. 라포르타 회장은 포르투와 첼시에서 지도력을 입증한 주제 무리뉴 감독과 바르사B팀을 성공적으로 이끌던

주제프 과르디올라 감독 중에 후임자를 고민했다. 최종 결정은 바르사의 축구 철학을 이미 꿰뚫고 있던 과르디올라 감독이었다. 과르디올라 감독은 철저히 팀의 규율과 전술, 철학을 중시한 감독이었다. 이에 따르지 않는 선수, 팀보다 개인을 생각하는 선수는 냉정하게 정리했다.

과르디올라 감독은 부임 후 카를라스 푸욜, 차비 에르난데스, 안드레스 이니에스타 등 유스 출신 선수들을 주장단으로 임명했다. 팀을 떠난 호나우지뉴, 데쿠 등과 친하게 지내던 메시에게는 차비, 이니에스타와 더 가깝게 지내도록 유도했다. 메시는 조용하고 차분한 생활을 즐기는 차비, 이니에스타와 어울리며 호나우지뉴와 같은 화려한 스타가 걸었던 부정적인 전철을 밟지 않도록 관리를 받았다. 일각에서는 유스 출신이자 스타인 메시도 주장단의 일원으로 자격이 있다고 주장했으나 과르디올라 감독은 메시에게 지나친 책임감이 독이 될 수 있다고 여겼다. 과르디올라 감독도 메시를 세심하게 관리했다.

과르디올라 감독은 부임 후 선수단과 가진 첫 미팅에서 '질서와 규율'을 강조했다. 스코틀랜드 세인트앤드루스대학교에서 시작한 프리시즌 훈련에서 과르디올라 감독이 선수들을 향해 남긴 연설에는 이후 진정한 전성 시대를 맞은 바르사 축구의 특징이 그대로 담겨 있다.

"제가 요구하는 것은 딱 하나입니다. 결정적인 패스를 잘못했다거나 헤딩슛을 놓쳤다고 해도 여러분이 전력을 다하는 한 실수를 탓하지 않겠습니다. 단, 바르사를 위해 혼신을 다하지 않는 선수는 결코 용납하지 않을 것입니다. 제가 여러분에게 요구하는 것은 좋은 결과가 아니라 좋은 경기력입니다. 마지못해 뛰거나 전력을 다하지 않는 선수의 경기력을 분석하는 것은 아무 의미가 없습니다. 혼자 뛸 수 있는 선수는 아무도 없습니다. 함께 뛰는 선수, 함께하는 팀 동료가 필요합니다. 우리는 하나입니다. 파벌을 형성하고 분열하면 안 됩니다. 분열이 있는 팀은 결국 깨지기 마련입니다. 이 회의실에 있는 선수들은 모두 실력이 출중합니다. 이런 선수들에게서 아무것도 끌어낼 수 없다면 그것은 지도자의 잘못입니다. 우리는 구단의 역사적 전통을 성실하게 계승하는 축구를 할 겁니다. 공을 잡았으면 상대 팀에 뺏겨선 안 됩니다. 만약 공을 빼앗겼다면 다시 가서 찾아오는 것이 바르사의 축구 스타일입니다."

루이스 판할 감독 체제에서 주장으로 뛰었던 과르디올라 감독은 감독이 그라운드 위의 선수를 지나치게 통제할 경우 전술적 경직성으로 인한 부작용이 크다고 느꼈다. 그는 치밀하게 경기 전략을 준비했으나, 경기장 위에서 선수들의 전술적 자유도를 존중했다. 과르디올라 감독은 부임 초기 우측면으로 메시의 활동 영역을 한정했으나, 차비와 이니에스타와 연계성을 높이면서 차츰 메시를 위한 공간을 늘려가는 유연한 전략을 만들어갔다. 경기장 안에서뿐만 아니라 밖에서도 메시를 배려했다. 부임과 함께 구단의 차출 의무가 없는 2008 베이징올림픽 출전 문제에 대해 융통성 있는 결정을 내렸다. 바르사 측은 메시를 보낼 의무가 없다는 판결을 얻었으나 메시의 의사를 존중해 과르디올라 감독이 베이징행을 허락했다. 메시는 자신을 배려하고 지지한 과르디올라 감독과 신뢰를 쌓았다.

과르디올라 감독은 2015년 4월 바이에른뮌헨의 감독이 되어 메시를 막아야 하는 상황이 되었는데, "메시를 막기 위한 수비 시스템이란 존재하지 않는다"고 말했다. 결과는 메시의 승리였다. 메시에 대한 전적인 신뢰는 바르사 감독 시절부터 꾸준했다. 그는 자신이 선수와 지도자로 살아오면서 본 어떤 선수보다 메시가 뛰어나다고 극찬했다.

"메시의 왕좌를 노리는 이들에게 미안하다. 그는 모든 면에서 세계 최고다. 그는 지금 해낸 것을 3일에 한 번씩 할 수 있는 선수다."

과르디올라 감독은 메시의 능력을 극대화할 수 있는 전술을 고안했다. 바르사 수비수 제라르 피케는 과르디올라 감독 재임 기간에 이루어진 바르사의 전술은 메시를 통해 공격을 마무리하는 데 집중되어 있었다고 말했다.

"바르사라는 팀 게임에 메시의 개인 능력이 가미된 식이었다. 바르사의 볼 점유 게임에 메시의 아주 빠른 스피드가 가미되어 잘 맞아 들었다."

과르디올라 감독은 모든 선수들을 공평하게 대했으나, 스타 선수에 대해서는 다른 배려가 필요하다는 것을 배웠다. 모든 경기에 나서길 원하고, 골과 승리에 과도한 집착을 보이는 메시에 대해 이기적인 선수라는 시선을 가지고 있었지만, 바르사 소속의 특급 수구 선수였던 마넬 에스티아르테와의 대화를 통해 그의 야망을 긍정적으로 활용하고, 그를 팀에 맞춰 통제하는 대신 잘 달래서 기량을 끌어내는 것이 올바른 결정이라는 깨달음을 얻었다.

과르디올라 감독은 메시가 팀 내 최고의 기량을 갖춘 선수, 축구 역사상 최고의 능력을 갖춘 선수라고 판단했고, 어린 메시가 자신의 능력을 팀에 모두 쏟아낼 수 있도록 정신적, 전술적 배려를 했다. 모든 경기에 나서길 원하는 메시에게 기회를 제공했고, 로테이션이 아닌 여유로운 휴가 일정으로 체력을 비축하도록 했다. 특별 대우였지만, 메시가 특별한 선수라는 점에 대해선 누구도 이의를 제기할 수 없었다. 메시 중심의 전술과 기용에 기회가 줄어든 몇몇 선수들은 불만을 갖고 팀을 떠나는 일이 발생하기도 했으나 결국 메시를 중심으로 한 바르사는 유례없는 성공 시대를 열었다.

과르디올라 감독의 메시 중심 팀 구축은 트로피 개수와 통계 수치를 통해 옳았다는 것이 검증되었다. 우선 2008년 여름 감독 부임 후 과르디올라 감독은 6개 대회 연속 우승을 차지하며 축구 역사상 전무한 '6관왕'을 이뤘다. 부임 첫 시즌 바르사를 스페인 클럽 사상 최초의 트레블리그, UEFA챔피언스리그, 코파델레이로 이끈 것에 이어 2009년 스페인과 유럽 챔피언 자격으로 출전한 UEFA슈퍼컵, 수페르코파 데 에스파냐, FIFA클럽월드컵 우승까지 해냈다. 2009/2010시즌에 코파델레이와 UEFA챔피언스리그 타이틀 방어에는 실패했으나 2년 연속 라리가 우승을 이뤘다. 2011/2012시즌 스스로 지휘봉을 내려놓을 때까지 네 시즌 동안 14개의 대회에서 우승했다. 세 번의 라리가 우승, 두 번의 코파델레이 우승, 두 번의 수페르코파 데 에스파냐 우승, 두 번의 UEFA챔피언스리그 우승, 두 번의 UEFA슈퍼컵 우승과 두 번의 FIFA클럽월드컵 우승까지. 리그 우승은 한 번 놓쳤고, UEFA챔피언스리그에서 우승을 놓친 두 번의 시즌에도 4강까지 올라갔다. 4년간 총 247경기를 이끌며 패배율이 8퍼센트에 불과했다.

과르디올라 감독의 바르사는 '무적의 팀'으로 불렸다. 그리고 이 모든 승리의 중심에 메시의 골이 있었다. 메시는 레이카르트 감독의 팀에 있을 때도 준수한 득점력을 보였는데, 과르디올라 감독이 부임하면서 축구 역사상 일찍이 존재하지 않았던 득점 기록을 만들어내기 시작한다. 2008/2009시즌에 리그에서 23골을 넣었고, 시즌 전체 51경기에서 38골을 넣은 메시는 '가짜 9번' 역할을 맡게 된 2009/2010시즌부터 시즌 전체 득점수가 최소 40골, 리그 득점은 최소 30골을 넣었다. 2009/2010시즌 리그 34골, 시즌 53경기 47골을 넣었고 2010/2011시즌에는 리그 31골, 전체 55경기에서 53골을 넣었다. 과르디올라 감독과 함께한 마지막 시즌인 2011/2012시즌에는 유럽 축구사를 새로 썼다. 리그 37경기에서 50골로 라리가 한 시즌 최다 득점왕 기록을 세웠고, 전체 60경기에서 73골을 넣었다. 2012년 한 해 동안 아르헨티나 대표 선수로 나선 경기를 포함해 총 91골을 넣어 1년간 최다 득점 기록을 『기네스북』에 새겼다. 메시 자신도 신체적으로나 경험적으로 전성기를 맞았으나 과르디올라 감독의 전술적 지원이 메시의 득점력을 가속화한 것은 분명하다.

　　과르디올라 감독은 전술적으로 극도로 치밀한 준비를 했던 것으로 유명하다. 공을 최대한 오래 소유하는 것을 통해 경기를 통제하고, 상대에게 공격 기회를 내주지 않고 안정적으로 승리를 만들어낼 수 있다고 믿었다. 요한 크루이프 감독이 기틀을 세운 바르사식 토탈 사커에 더 강력한 전방압박 수비를 가미하고, 패싱 플레이를 더 세밀하게 만들어 '티키타카'의 전성 시대를 열었다.

공보다 빠른 선수는 없다. 과르디올라 감독은 짧은 패스로 빠르게 공을 돌리며 공을 지키고, 상대의 허점을 파고들어 골을 만드는 축구를 구사했다. 상대의 수비를 벗겨내기 위해서는 예측 불가능한 패스 코스가 필요하고, 그러기 위해선 공 주변에 많은 선수가 포진해야 한다. 이를 위해 바르사는 수비 라인을 끌어올려 중원 볼 소유 플레이에 가담시켰다. 상대에게 공을 내주면 5초 안에 다시 볼을 빼앗아오는 전략은 상대 진영까지 최종 수비 라인을 높여 배후 공간을 공략당할 위험을 상쇄했다. 수비하는 시간을 최소화하고, 공 소유 능력을 극대화하기 위해 최후방 수비수와 골키퍼까지 몸싸움이나 태클, 볼 커팅과 선방 능력과 더불어 공을 자유자재로 다루고 정확하게 패스할 수 있는 능력을 요구받았다. 11명의 선수 전원이 패스 플레이에 능숙해야 했다. 중원에서 볼을 관리하고 뿌리는 역할은 차비와 이니에스타라는 라 마시아 출신의 걸출한 선수들에게 부여되었고, 이들이 주도하는 패스 플레이의 마침표가 메시였다.

메시는 이들과 함께 콤비네이션을 이루며 차비의 경기 조율 능력과 패싱력, 이니에스타의 좁은 공간 탈압박 능력까지 자신의 것으로 만들었다. 차비는 메시에 대해 "수비수로도 최고"라고 말했는데, 메시는 과르디올라 감독이 요구한 전방 압박에도 적극적으로 관여하며 공격 지역에서 볼 탈취를 위한 움직임을 가져갔다. 차비와 이니에스타가 있는 중원 지역으로 내려와 패스 연결에 가담하다가 어느새 수비 뒤로 들어가 공을 잡고 마무리하며 수많은 골을 넣을 수 있었다. 때로는 짧았다가, 길었다가, 빨랐다가 느린 공의 변화는 메시에게 닿는 순간

불꽃이 튀었다. 공을 따라 다니다 지친 상대 수비는 메시의 번개 같은 드리블과 슈팅에 속수무책으로 당했다.

과르디올라 감독의 후임은 그의 오른팔이었던 티토 빌라노바였다. 빌라노바 감독은 과르디올라 감독의 전략이 공 소유 싸움을 완전히 포기하게 하고 골문 근처에 진을 친 밀집 수비 전략에 고전하자 방식을 바꿨다. 전방 압박의 밀도를 낮춰 상대 팀이 더 쉽게 공격으로 나올 수 있게 했다. 상대 수비에 공간을 만들어 메시가 파고들게 했다. 이를 통해 메시의 득점력은 어느 정도 유지됐다. 2012/2013시즌 리그 32경기에서 46골, 전체 50경기에서 60골을 넣었다. 경기당 한 골 이상을 넣는 선수가 됐다. 그러나 2013/2014시즌에는 타타 마르티노 감독 체제에서 바르사도 부진했고, 메시도 부상에 시달리며 주춤했다. 전방 압박의 밀도가 여전히 낮았는데, 중원에서의 패스 연결 플레이도 느슨해졌고, 수비적으로 갖고 있던 문제점만 더 크게 드러났다. 메시는 리그 31경기에서 28골 전체 46경기에서 41골을 넣으며 경기당 1골 이상의 득점력을 유지하지 못했다. 그러다 2014/2015시즌 루이스 엔리케 감독이 수비 조직을 정비하고, 메시를 다시 오른쪽 측면으로 이동시키며 전술적 보완을 해주자 전체 57경기 58골로 회복했다.

2004/2005시즌 프로 선수로 데뷔한 이후 2014/2015시즌까지 11년 동안 활동하면서 메시는 축구사에 있어 득점에 관련된 대부분의 기록을 갈아치웠다. 축구사는 메시 이전과 이후로 나뉜다고 해도 과언이 아니다. 바르사 선수로 총 482경기에서 412골, 아르헨티나 대표 선수로 99경기에 46골을 넣은 메시의 기록 보유 현황은 다음과 같다.

이전 기록 보유자	부문	메시 기록
텔모 사라-253골	라리가 통산 최다 골	286골
라울 곤살레스-71골	UEFA챔피언스리그 통산 최다 골	78골
게오르게스쿠-47골	유럽 리그 한 시즌 최다 골	50골
게르트 뮐러-67골	한 시즌 공식 경기 최다 골	71골
게르트 뮐러-85골	한 해 공식 경기 최다 골	91골
알프레도 디스테파노-18골	엘클라시코 통산 최다 골	21골
세사르-232골	바르사 통산 최다 골	412골
루이스 피구-104개	라리가 통산 최다 도움	111개
요한 크루이프, 미셸 플라티니, 마르코 판 바스턴-3회	발롱도르 최다 수상	4회

.
.
.

MESSI THEORY

"메시를 위한 전술: 반대발 윙어와 가짜 9번"

아르헨티나 축구는 스트라이커 뒤에 배치되는 10번 공격수에 대한 동경을 갖고 있다. 이 자리에 있는 선수는 공격의 중심으로, 공격 상황에서 가장 많이 공을 소유한다. 전후좌우 어디로든 향할 수 있고, 패스를 하고, 돌파를 하고, 슈팅을 할 수 있는 모든 위치를 선점한다. 노골적인 경기의 주인공이다. 그러나 21세기 축구는 10번의 시대에 종말을 고했다. 선수들의 신체 능력과 감독들의 수비 전술이 갈수록 발전하면서, 중원 지역의 강한 압박과 운동량은 기술이 좋은 10번 공격수들을 고립시키는 데 성공했다. 최전방 공격수들이 득점을 독식하던 시대도 지나갔다. 최소한 두 명이 배치되는 중앙 수비수와의 직접 경합에서 벗어난 측면 공격수들이 새로운 득점원으로 등장했다. 이제 날개 자리에 배치되는 공격수들은 측면을 파고들어 중앙 공격수에게 크로스 패스를 전달하는 배달부에서, 직접 문전 지역을 습격해 골을 넣는 역할에 집중하는 시대가 도래했다. 2000년대 중반부터 2010년대에 이르면서 왼쪽 측면에 오른발잡이, 오른쪽 측면에 왼발잡이 공격수를 배치하고 중앙으로 치고 들어오는 커트인Cut-in 플레이로 슈팅을 노리는 공격 패턴을 시도하는 반대발 윙어 전술이 일반화됐다.

왼발잡이인 메시도 오른쪽 측면에서 이와 같은 역할을 했다. 유소년 팀에서는 측면에 배치되어도 중앙으로 이동해서 영향력을 발휘하는 것이 그리 어렵지 않았다. 그러나 더욱더 극심한 압박과 몸싸움, 더욱더 경쟁적인 경기가 펼쳐지는 성인 프로 경기에서는 그렇지 않았다. 메시는 바르사 훈련장에서 막을 수 없는 드리블을 선보이던 선수지만, 훈련장과는 달리 실전 경기에서 심판은 파울성 몸싸움에 훨씬 관대하며, 상대 선수도 메시가 부상당할 것에 대한 우려 없이, 어쩌면 부상 유발을 의도한 거친 태클을 서슴지 않는다. 중앙에서는 더 많은 수비를 상대해야 하고, 더 쉽게 상대에게 둘러싸일 수 있는 위험이 있다.

레이카르트 감독은 포르투와의 친선전 이후 바르사B팀 선수를 대거 불러들여 샤흐타르도네츠크와 비공개 연습 경기를 치른 적이 있었는데, 이때 메시를 그가 원하는 10번의 자리에 기용해 지켜본 적이 있다. 메시가 가장 인상적인 플레이를 펼칠 때는 풀백과 맞서 중앙 공간을 파고들 때였다. 바르사 1군 구성도 호나우지뉴가 왼쪽에서 흔들고, 데쿠가 중앙에서 경기를 만든 뒤 에토오가 전방에서 마무리하는 패턴이 중심이었기 때문에 메시에게 부여될 수 있는 역할은 오른쪽 측면 공격수 자리뿐이었다. 메시를 위해 틀을 바꾸는 것은 팀에나, 메시 본인에게나 무리수가 될 수 있었다. 메시는 오른쪽 측면 공격수 역할을 잘 수행했고, 2006/2007시즌부터는 바르사의 주전 공격수로 완전히 자리매김했다. 메시는 2006/2007시즌 전체 36경기에 나서 17골, 2007/2008시즌에 전체 40경기에 나서 16골을 기록하며 스무 살에 이미 스페인 리그 최고의 공격수 중 한 명으로 인정받았다.

메시가 최고 중의 한 명 이상으로 발돋움한 것은 과르디올라 감독 체제에서 가짜 9번 역할을 맡으면서부터다. 트레블을 달성한 2008/2009시즌 메시는 여전히 오른쪽 측면 공격수로 배치되었으나, 에토오를 떠나보내고 공격진 개편 작업에 나선 2009/2010시즌부터 메시는 바르사의 최전방 공격수로 자신의 영역을 옮기기 시작한다. 신체 조건과 기술력을 두루 갖춘 즐라탄 이브라히모비치와 팀의 공존에 실패한 과르디올라 감독은 2010/2011시즌 메시를 스리톱의 최전방 꼭지점에 배치했다. 메시의 임무는 전통적인 9번 공격수와 달랐다. 일명 '가짜 9번'으로 불리는 역할이었다. 과르디올라 감독은 '가짜 9번' 이야말로 메시의 능력을 극대화해서 활용할 수 있는 포지션이라고 판단했다.

'가짜 9번'이란 팀의 최전방 공격수 자리에 위치하지만 실제로는 그 자리에서 상대 수비수들과 경합하고, 골을 노리는 것이 아니라 2선 배후 공간으로 내려와 공격형 미드필더에 가깝게 뛰는 역할을 뜻한다. 현대 축구에서 포백Back-4과 스리백Back-3은 결국 최후방 수비 라인에 센터백을 몇 명 배치하느냐가 중요하다. 포백은 두 명의 풀백을 제외한 두 명의 센터백이 문전을 지키고, 스리백은 세 명의 센터백이 문전에 배치된다. 포백은 넓은 범위를 커버하고, 미드필더 숫자를 늘릴 수 있다는 점에서 더 공격적이라고 볼 수 있지만, 스리백 역시 문전 지역을 보다 밀착 방어하고, 좌우 풀백을 더 높은 지역에 배치해 얼마든지 공격적으로 운영할 수 있다.

결국 핵심은 상대 공격수를 몇 명이서 막느냐. 기본적으로 한 명의 중앙 공격수를 수비할 때 포백이 효과적이고, 두 명의 중앙 공격수를 배치한 투톱 전형을 상대할 때 스리백이 더 효과적이다. 수비는 기본적으로 상대 공격수보다 수적 우위를 점하는 것이 중요하다. 원톱일 경우 좌우 측면 공격수가 스리톱을 형성하며 전진하기에 포백 라인이 3명의 공격수에 대응하는 식이다.

'가짜 9번' 전술은 스리톱의 변형이라고 할 수 있다. 최전방 공격수의 자리에 있는 선수가 전방이 아니라 2선으로 내려오면 문전에 있는 두 명의 센터백이 그를 막기 위해 따라 내려갈 수밖에 없다. 이렇게 생긴 공간으로 좌우 측면 공격수들이 파고들어 슈팅 기회를 창출한다. 가짜 9번 선수가 움직이는 것을 신경 쓰지 않고 문전에 머무른다면 방어 선수 없이 잉여 자원으로 남게 된다. 가짜 9번을 기용한 팀은 중원에서 수적 우위를 점하고, 슈팅 코스를 찾을 수 있다. 막으러 가도 허점이 생기고, 가지 않아도 허점이 생기는 딜레마에 빠지게 된다.

　메시는 가짜 9번 역할을 최대치로 수행했다. 2선으로 수비를 끌고 나와 측면 공격수, 중앙 미드필더와 유기적인 패스를 주고받으며 공간을 창출했고, 그렇게 생긴 공간을 돌파했다. 어느 위치에서든 정확하게 골문 구석을 찌를 수 있는 왼발 슈팅력을 갖췄기에 상대가 2선으로 따라붙지 않으면 원거리에서 골문을 겨냥했고, 따라서 올라오면 드리블로 제치고 문전으로 진입해 득점했다. 자신에게 과도하게 수비가 몰리면 빈 공간이 생긴 동료에게 패스를 해서 어시스트를 기록했다. 알고도 당할 수밖에 없는 전술이었다.

　메시에게 가짜 9번 역할을 처음 시킨 것은 과르디올라 감독이 아니었다. 2001/2002시즌 바르사 유소년 팀을 맡았던 티토 빌라노바 감독이 메시를 최전방에 배치하고, 스트라이커였던 바스케스와 미드필더 세스크 파브레가스를 메시의 뒤에 배치한 전술적 실험을 했다. 메시는 파브레가스의 패스를 받아 바스케스가 만들어준 공간을 활용하며 활발한 전·후진 움직임을 통해 많은 골을 넣었다. 메시의 훌륭한 전술 수행 능력에 감탄한 빌라노바 감독은 레샤크 단장에게 찾아가 "우리 팀에 천재가 있다"고 알렸는데, 레샤크 감독 본인이 메시의 계약을 성사시킨 인물이었기에 "누구를 얘기하려는지 이미 알고 있다"며 웃었다. 빌라노바 감독은 과르디올라 감독이 1군에 부임했을 때 오른팔 역할을 한 코치였다. 빌라노바의 아이디어가 과르디올라 감독의 메시 기용 방식에 영향을 미쳤을 가능성이 높다.

　그러나 영원히 통하는 전술은 없다. '가짜 9번' 전술을 막기 위한 수비 전술의 고민이 이어졌다. 주제 무리뉴 감독은 레알마드리드에 부임해 엘클라시코 승리를 위한 전술을 연구했다. 2선으로 내려가 센터백을 혼란스럽게 만드는 메시를 막기 위해 센터백을 공격형 미드필더 포지션에 배치해 수비하게 만드는 대응법을 찾았다. 레알은 센터백 페페를 수비형 미드필더 자리가 아닌 공격형 미드필더 자리에서 수비하도록 했다. 2선으로 내려간 메시를 압박하고 괴롭히는 것은 물론, 차비 에르난데스나 세르히오 부스케츠 등 메시에게 공을 공급하는 이들의 루트를 차단하며 메시의 영향력이 떨어지게 만들었다. 중원에 터프한 수비수를 배치해 가짜 9번 공격수를 방어하는 것은 무리뉴 감독의 시도 이후 크게 유행했고, 이후 바르사의 우승 행진에도 제동이 걸렸다. 메시는 계속해서 골을 넣었지만 큰 경기에서 어려움을 겪는 경우가 늘어났다.

2014/2015시즌 바르사에 부임한 루이스 엔리케 감독은 다시 메시를 오른쪽 측면으로 이동시켜 전면 압박과 집중 견제로부터 자유롭게 해주었다. 메시는 오른쪽 측면으로 돌아가고 나서 반대편으로 길게 넘겨주는 볼 배급 능력이 발전했고, 자연스럽게 중앙 미드필더 포지션에서 경기 전체를 조율하다가 네이마르, 루이스 수아레스 등 동료 공격수들이 만들어준 공간을 치고 들어가 득점을 만들었다. 과거 즐겨 했던 오른쪽 측면 라인을 타고 문전 중앙으로 치고 들어가 득점하는 패턴 플레이는 더 정교해졌다.

상대의 수비 전술과 축구 전술 트렌드에 따라 메시를 활용할 수 있는 전술은 바뀌어왔다. 기존에 통하던 방식, 같은 방식만을 고집하기보다 계속해서 새로운 아이디어를 찾아낼 수 있는 좋은 감독을 만날 수 있었던 것도 메시의 활약에 큰 도움이 되었다.

:

"내 능력이 가장 빛날 수 있는 일을 찾아라"

메시 본인이 공격수 뒤의 처진 스트라이커 혹은 공격형 미드필더 역할을 가장 선호했다고 해서, 그 자리에서 뛰었다면 지금과 같은 성공을 이룰 수 있었을까? 누구에게나 자신의 능력에 최대치를 끌어낼 수 있는 자리와 방법은 따로 있다. 내가 선호하는 자리보다 내 능력에 가장 잘 맞는 자리를 찾는 것이 중요하다. 이는 축구를 떠나 진로 선택에 있어서도 시사점이 큰 부분이다.

나름 전문직이라고 할 수 있는 축구 전문 기자, 방송사 축구 해설가로 일하면서 이 직업을 꿈꾸는 많은 후배와 학생들로부터 어떻게 하면 이 일을 할 수 있는지, 그리고 잘할 수 있는지에 대한 질문을 많이 받는다. 이들의 공통점은 모두 '축구'를 좋아한다는 것이다. 축구가 좋아서 축구 기자가 되고 싶고, 축구 해설가를 꿈꾼다. 하지만, 나는 이들에게 '축구'가 아닌 '기자'나 '해설가'에 더 큰 포커스를 둬야 한다고 조언한다.

좋아하는 일을 직업으로 삼는 것을 부러워하는 이들이 많지만, 좋아하는 일이라는 표현에는 오류가 있다. 그들이 좋아하는 것은 축구이지 기자나 해설가가 아니다. 먼저 해설가라는 것은 공개 채용이나, 회사에 입사를 해서 얻을 수 있는 직업이 아니기 때문에 제외해야 한다. 수요 자체도 적고, 해설가가 되기 위해 정해진 코스가 있는 것도 아니다. 해당 분야의 전문가로 인정받은 이들이 섭외를 받아 해설가 역할을 하게 되는 것이다. 축구 선수 출신이 아니라면 해설가가 되기 위해 해당 분야의 전문가가 되어야 하는데, 그중 가장 일반적인 루트가 축구 전문 기자라 할 수 있다.

다시 본론으로 돌아가 보자. 내 적성에 맞지 않는 일이라면, 좋아하는 분야라고 할지라도 막상 그 일을 하게 되었을 때 행복하지 않을 수 있다. 물론 전혀 취미가 없는 분야의 일을 하는 것과 비교한다면 더 나을 수 있지만, 일은 일이다. 그 일을 잘 해낼 수 있는 능력과 열의가 있어야 한다. 기자를 꿈꾸고, 기자가 되기 위한 능력과 적성을 갖춘 이가 축구를 좋아해서 축구 기자가 된다면 문제가 없겠지만, 기자의 업무나 근무 패턴에 적응하기 어려운 이들이 단지 축구가 좋다는 이유로 달려들었다가는 좋아하던 취미까지 잃게 되는 결과가 나올 수 있다. 마찬가지로 단순히 영화를 좋아해서 영화 관련 직업을 택하고, 만화를 좋아해서 그와 관련된 회사에 들어간다면 진로 선택을 후회하는 경우가 생길 수 있다. 취미는 어디까지나 취미로 즐길 때 가장 즐겁다.

막상 관련 분야의 직업을 구해서 그와는 전혀 마주할 상황이 없는 업무를 할 수도 있다. 중요한 것은 내가 어떤 일을 할 때 잘하고, 보람을 느끼는지를 잘 아는 것이다. 내가 잘하는 일이라면 스스로 성취도를 느끼고, 발전하는 데 가속이 붙는다. 좋아하는 분야의 일이라고 달려들 있다가 적성에 맞지 않으면 괴로움과 부담, 자괴감만 가중될 수 있다. 내 기호가 아니라, 내 능력이 가장 빛날 수 있는 일을 찾아야 한다.

축구 선수도 마찬가지다. 마음은 메시와 같은 플레이를 하고 싶지만, 신체 조건이나 장점이 메시의 역할보다는 다른 포지션에 더 적합하다면 다른 쪽으로 더 발전시켜 능률을 높이는 게 좋다. 물론 꾸준한 노력과 연습으로 성취도를 얻을 수 있겠지만, 그 과정에서 내가 가진 본연의 장점이 흐릿해질 수 있다. 내가 가진 장점을 잘 파악하고, 그 장점을 살릴 수 있는 일을 찾는 것이 최고의 자리에 도전할 수 있는 첫 걸음이다.

"아버지 그 이상, 모차르트의 스승 레오폴트"

모차르트는 수많은 음악인의 영향을 받았으나, 직접 교습을 받고 지도 및 관리를 받은 직접적인 스승은 부친 레오폴트가 유일했다. 모차르트에게 아버지는 어린 시절부터 신 다음의 존재였다. 사실 레오폴트는 모차르트 세계에 있는 신과 같았다. 모차르트를 가르친 것도, 모차르트의 여정을 주도한 것도, 모차르트의 행동 규범과 성인이 된 이후까지 내린 수많은 결정에 영향을 미친 것도 레오폴트였다. 레오폴트는 모차르트를 어떤 학교에도 데려가지 않았다. 모차르트는 음악은 물론 어떤 분야에서도 정규적인 수업이나 교습을 받지 못했다. 모차르트의 초기 건반 음악은 모차르트가 작곡한 뒤 레오폴트가 악보로 옮겨 작성했고, 모차르트의 성장 일지도 레오폴트가 꼼꼼하게 기록해두었기에 후세에 전달될 수 있었다.

모차르트가 세기의 천재라는 이미지를 자신의 것으로 만들 수 있었던 것은 부친 레오폴트의 철저한 관리가 따랐기 때문이기도 하다. 때때로 레오폴트는 모차르트의 나이를 낮춰 속이기도 했고, 계속해서 자신의 그늘에서 살게 했다. 모차르트가 아이처럼 행동하게 된 이유도 그 때문이었다.

모차르트의 음악적 천재성이 대중적으로 잘 알려진 것은 그가 예술성과 작품성 못지않게 대중성과 시장성에도 신경을 쓴 작곡가였기 때문이다. 모차르트는 주문자들의 의뢰와 그 의도에 철저히 맞춘 음악을 만들어낸 실용주의 작곡가였다. 모차르트가 작곡한 피아노 독주곡은 어느 정도의 실력만 갖추었다면 아마추어라고 해도 연주할 수 있을 정도의 수준이면서도, 음악성이 뛰어나 고급 음악을 즐기는 상류층과 음악적 관심이 높은 아마추어 사회에서 모두 사랑을 받았다.

이 같은 방향성에는 모차르트의 명성을 통해 가문의 부와 명예를 높이려던 부친 레오폴트의 가르침이 있었다. 모차르트가 성공을 거두기 위해 어떤 것이 필요하고, 어떤 방향성을 가져야 하며, 어떤 것에 집중해야 하는지를 파악하고 지시한 인물이 바로 레오폴트다. 레오폴트는 단순한 아버지 이상이었다. 모차르트 신화를 창조하고, 발전시킨 숨은 주인공이다.

3
교시

야망과 겸손이
천재를 완성한다

> 좋은 경기를 하지 못하면 비판이 나올 수밖에 없다.
> 하지만 내 시각은 언론과는 다르다.
> 내가 두 골을 넣으면 언론은 최고라고 치켜세운다.
> 하지만 나는 두 골을 넣은 경기에서도 내 플레이에 화가 날 때가 있다.
> 매 순간 무엇을 잘했고 무엇을 못했는지 알아야 한다.
> 모든 상황에 대해 숙고해야 한다.
> 골을 넣었는가 못 넣었는가와 상관없이 얼마나 좋은 플레이를 했는가에 대해
> 분석하고 잘못된 점을 고치기 위해 노력해야 한다.

– 리오넬 메시

호날두와의 경쟁,
계속된 동기부여

내가 어느 정도 수준에 도달했는지, 잘하고 있는 것인지 알기 위해서는 비교 대상이 필요합니다. 물론 계속 타인과의 비교에만 집중하는 것은 자신을 해치는 일이 될 수 있습니다. 내실을 쌓고 스스로의 발전에 집중하는 것이 선행되어야 합니다. 그 다음에 내가 어느 정도 수준인지를 확인하는 과정에서 비교가 이어집니다. 내가 이룬 것에 만족하고, 이만 하면 됐다고 느끼는 순간 발전이 멈추고 정체가 찾아올 수 있습니다. 나를 끊임없이 자극하는 경쟁자의 존재는 그래서 소중합니다.

경쟁자는 동반자이기도 합니다. 상대의 장점을 배우고 상대가 이룬 것에서 받은 자극이 자신의 발전에 자양분이 될 수 있습니다. 나 자신이 압도적인 정점에 올랐다면, 지금 수준만 유지해도 충분히 최고의 자리를 지킬 수 있습니다. 하지만 내 앞에 가로막힌 한계에 도전하기 위한 도전 의지는 약해질 수밖에 없습니다. 메시가 축구 역사상 전무한 득점 기록과 우승 행진을 이어갈 수 있었던 이유 중 하나는 크리스티아누 호날두와의 경쟁에 있습니다. 메시 본인은 선수와 선수 간에 경쟁이 없다고 말하지만, 최고의 자리를 놓고 경합해온 호날두의 존재가 메시에게도 쉬지 않고 발전하기 위해 운동장에 서게 한 이유였습니다. 최고가 되기 위한 야망은 끝나지 않는 경쟁이 부른 산물입니다. 메시는 수줍고 조용한 아이였지만, 경쟁을 마주한 순간에는 그 누구보다 맹렬히 승리를 위해 달려들었습니다.

"조용하지만 패배를 혐오했던 아이"

리오넬 메시는 경기장 밖에서 말수가 적고 수줍은 소년의 이미지로 유명하다. 어린 시절 메시에 대한 일화 대부분은 경기장 위에서는 폭발적이었으나, 경기장 밖에서는 극도로 말이 없던 인물로 그려진다. 바르사 유소년 팀에서는 제라르 피케와 세스크 파브레가스가 "벙어리인 줄 알았다"고 할 정도로 초기에 동료들과 교류가 많지 않았다. 물론 몇 번의 해외 원정 경기를 거치며 친해졌지만, 여전히 메시는 수다쟁이와는 거리가 멀다. 다만 확실한 것은 메시가 다른 이들보다 더 강한 승리욕을 가진 아이였다는 점이다. 메시의 유별난 승리욕은 그의 끝없는 성장과 경이로운 득점 행진의 진짜 동력이다.

메시는 자신의 세 번째 생일 선물로 뉴웰스를 상징하는 색깔인 빨간색과 하얀색의 다이아몬드 모양으로 구성된 축구공을 받았다. 그러나 경기 중에는 누구도 축구공을 선물해주지 않았다. 자기 힘으로 얻어야 했다. 공을 다루는 데 천부적인 재능을 보인 메시는 먼저 그 공을 확보하는 법부터 배워야 했다. 형제, 사촌들과 섞여 처음 축구를 시작한 메시는 자기보다 나이도 많고, 체구도 큰 형들로부터 배려를 받지 않았다. 공을 갖기 위해선 온 힘을 다해 달려들어야 했다. 클라우디오는 공을 갖기 위해 달려들던 메시를 "토마토처럼 빨갛게 변해서 뛰어다녔다"고 기억했다. 형들이 가진 공을 빼앗아오기 위해 전력을 다해 뛰어다니면서 핏대를 올린 메시의 모습에 대한 기억이다. 형제들보다 왜소한 체구의 메시는 힘이나 우격다짐이 아닌 기술로 공을 빼앗아야 하는 어려운 과제를 해결해야 했다. 포기를 모르는 메시는 지는 일이 많았고, 지고 나면 늘 울었다. 승리 외엔 위로가 되지 않았다. 메시는 이길 때까지 달려들었다. 결국 공을 차지했을 때, 메시는 그 공을 절대 쉽게 내주지 않았다. 메시는 아르헨티나 신문 「그라피코」와 가진 인터뷰에서 형제들 사이에서 벌어진 축구 시합은 결코 우호적인 분위기로 진행되지 않았다고 말했다.

"항상 배드 엔딩이었다. 늘 싸움이 있었다. 어느 쪽이 이기든 마무리가 나빴다. 나랑 함께하는 시합에서는 누군가 울거나 화를 내거나 그랬다."

메시가 승리욕을 보인 분야는 축구만이 아니었다. 부친 호르헤는 "메시는 그 어떤 게임에서도 지는 것을 싫어했다"고 말한다. 모친 셀리아는 "어릴 때는 집에서 굉장히 버릇없는 아이였다. 가족끼리 카드 게임을 할 때도 속임수를 써서 이기려고 했다. 아무도 메시와 게임을 같이 하고 싶어 하지 않았다"며 카드 게임에 얽힌 일화를 공개했다. 메시는 카드 게임에서 지고 나면 모든 카드를 던져버리고 학교에 가지 않겠다고 성질을 부리고 버텼다. 축구 게임이든, 카드 게임이든 지고 나면 분을 참지 못했다.

그러다 한 번은 가족 모두에게 혼이 나 집 밖으로 내쫓겼다. 그러자 메시는 문에 돌을 던지고 발길질를 하며 성을 냈다. 메시의 부모는 밤이 될 때까지 문을 열어주지 않았다. 메시의 불같은 성미를 다스리기 위해 엄하게 교육하고 책임감을 가르쳤다. 더 자라고 나서는 그런 일이 없었지만, 불같은 승리욕은 그대로 몸 안에 자리하고 있었다. 메시에게 패배는 분함이나 싫음 이상의 혐오 대상이었다. 그렇다고 어린 메시가 응석받이였던 것은 아니다. 메시는 아주 사소한 부분까지도 프로답게 행동했다. 매일 훈련하고, 경중에 관계없이 똑같이 경기를 준비했다. 어느 누구의 도움 없이 신발을 빨고 천으로 닦고 솔로 먼지를 털어냈다. 발목 테이핑도 직접 했다.

메시는 패배에 아주 민감하고 적극적으로 반응했다. 바르사 유소년 팀에 속했던 시절에도 패배 이후 분노의 드리블로 적지 않은 일화를 남겼다. 바르사 유소년 팀은 2003년 일본에서 열린 U-17 인터내셔널 유스 풋볼 챔피언십에 참가했을 때 페예노르트와의 첫 경기에서 15분 만에 선제골을 내줬다. 당시 감독이었던 기예르모 오요스는 경기를 뒤집은 것은 분노의 메시였다고 기억했다.

"메시는 대단히 화가 났고, 팀도 경기에 몰입하지 못했다. 30분 정도 지났을 때 동료들에게 공을 요구한 메시는 네 명의 수비수를 뚫고 골키퍼까지 제친 뒤 송고에게 킬러 패스를 보내 득점을 도왔다."

메시는 대회 최우수 선수로 뽑혔고 이어진 여러 대회에서 MVP를 섭렵했다. 이탈리아에서 열린 산 조르조 델라 리킨벨다San Giorgio della Richinvelda 대회에서도 MVP였는데, 5경기에서 무려 35골을 넣었다. 그러나 이 대회 기간 중 메시는 페널티킥을 한 번 실축했다. 그러나 유벤투스와의 결승전에서 다시 찾아온 페널티킥 기회에서는 성공시켰다. 페널티킥 실축은 심리적으로 적지 않은 데미지를 남긴다.

실축의 기억 이후 차는 것 자체를 꺼리는 선수들도 적지 않다. 메시는 피하지 않는 성미를 가졌다. 실축 이후 매일 페널티킥을 연습했고, 재도전했다. 오요스 감독은 메시의 강한 성격을 높이 평가해 종종 주장 완장을 맡겼다.

"메시는 아주 조용한 아이였지만, 자연스러운 리더였다."

승리를 향한 메시의 열정이 자연스레 팀원 전체를 이끄는 솔선수범 리더십으로 발현된 것이다.

바르사B팀에서 메시를 지도한 그라타코스 감독은 메시가 훈련 중에도 남다른 승리욕과 열정을 보였다고 기억한다.

"훈련 세션에도 입이 떡 벌어질 만한 일이 벌어졌다. 메시는 언제나 이기길 바랐다. 훈련 중이나 미니 게임에서도 그랬다. 그의 동기부여는 비범했다. 메시에게 이런 얘길 해줬다. '훈련장에서 보이는 그런 열정을 경기마다 보여준다면 누구도 우리를 꺾지 못할 거야.'"

메시는 그 말대로 선수 경력을 지속했다. 바르사 1군 팀에서 훈련 중 메시를 상대해야 했던 네덜란드 대표 출신 풀백 판브롱크호르스트는 "훈련장에서 메시와 호나우지뉴를 상대해야 했다. 둘 모두 매번 공을 잡을 때 이번이 마지막 기회인 것처럼 뛴다. 매 훈련 대단한 동기부여를 가진 채 임했고, 모든 공격에 최선을 다한다. 훈련을 할 때도 행복해하고 웃으면서 뛰지만 막을 방법이 없었다"며 메시와의 훈련을 회고했다. 메시보다 훨씬 나이가 많은 바르사 1군의 동료들은 "메시는 11 대 11의 미니게임에서 마치 인생이 달린 것처럼 뛰었다. 그런 메시에게 기회를 주지 않는다는 것은 상상할 수 없었다"고 말한다. 실제로 바르사 선수들이 훈련장에서 누구보다 불타는 모습을 보인 메시를 보고 프랑크 레이카르트 감독에게 "메시를 프로 경기에 투입해야 한다"고 권하고 나설 정도였다.

메시는 언론과의 인터뷰에서 크리스티아누 호날두와의 경쟁에 대한 질문에 늘 "팀과 팀의 대결일 뿐, 호날두와 경쟁한다고 생각하지 않는다"며 일축했다. 자신의 플레이에만 집중한다면서 언제나 호날두를 경쟁 상대로 여기지 않는다고 말해왔다. 그러나 함께 스페인 프리메라리가 무대에서 활동하면서 모든 대회에서 우승과 득점왕 타이틀을 겨룬 호날두를 전혀 의식하지 않을 수는 없다. 사실은 호날두의 계속된 추격과 득점이 메시로 하여금 경기 출전과 득점에 대해 더 높은 목표를 잡게 한 숨은 동인이었다는 것을 부인할 수 없다. 스페인 축구 사정에 능통한 기엠 발라게는 주제프 과르디올라 감독의 평전을 통해 메시가 호날두에게 경쟁심을 보였다는 것을 공개했다.

바르사는 2010/2011시즌 리그 종료 두 경기를 남기고 우승을 확정했다. 호날두와 득점 선두 자리를 다투던 메시는 오사수나와의 33라운드 경기에서 31호골을 넣은 뒤 더 이상 득점하지 못했다. 오사수나전에도 교체로 투입되었고, 데포르티보라코루냐와의 37라운드 경기, 말라가와의 38라운드 최종전에는 아예 결장했다. 라리가 타이틀을 내준 레알마드리드의 호날두는 리그 마지막 4경기에서만 11골을 몰아치며 메시를 제치고 총 40골로 라리가 득점왕에 올랐다. 바르사의 리그 우승 파티는 메시가 출전하지 않은 데포르티보전을 치른 2011년 5월 15일에 열렸다. 메시는 경기 종료 후 호날두가 프리킥으로만 두 골을 기록하며 38호골 득점에 성공했다는 사실을 알고는 불쾌감을 숨기지 못했다. 파티에 함께할 생각이 없어 그대로 집으로 돌아가 버렸다. 메시의 개인 트레이너로 수년간 막역한 사이인 브라우 코치가 메시를 간신히 설득해 다시 데려와 메시가 포함된 우승 기념 사진을 재촬영 할 수 있었다.

득점 기록에 대한 메시의 집착은 2011/2012시즌 리그 37경기 50골이라는, 유럽 빅리그 역사상 한 시즌 최다 골 신기록으로 이어졌다. 총 60차례 공식 경기에서 73골을 기록한 메시는 2012년 한 해 동안 국가 대표 경기를 포함해 91골을 성공시켜 한 해 공식 경기 최다 골 기록으로 『기네스북』에 등재됐다. 호날두에게 내준 '득점왕' 타이틀을 되찾아왔다.

원 없이 골 맛을 본 메시는 이제 골보다 트로피에 더 목마르다. 자신이 많은 골을 넣는 것이 반드시 승리로 이어지지는 않는다는 사실을 깨닫게 하는 경험이 이어졌다. 2014/2015시즌 메시는 리그 43골로 48골을 넣은 호날두에게 득점왕 자리를 내줬다. 그러나 총 18개의 어시스트로 라리가 도움왕에 올랐다. UEFA챔피언스리그 결승전에서 자신의 득점 없이 유벤투스를 꺾고 정상에 올랐으나 만면에 미소가 가득했다. 동료들에게 득점 기회를 만들어주는 것으로 충분히 만족했다. 그 자신도 자신의 득점이 모두 동료의 도움 덕분이라는 것을 마음 속 깊이 이해하고 있다. 메시는 2015년 4월 스페인 스포츠지 「마르카」와 가진 인터뷰에서 해트트릭을 달성한 공을 개인 진열장에 전시하는 진짜 이유에 대해 설명했다.

"해트트릭을 했던 축구공을 개인 진열장에 보관하고 있다. 해트트릭이라는 사실보다 더 특별한 것에 대해 생각하고 있기 때문이다. 공보다 아름다운 것은 바로 공에 새겨진 동료들의 사인이다. 그 사인이 팀원 전체를 기억하도록 해준다. 동료들이 없었다면 할 수 없었던 일이다. 동료 없이 혼자만의 힘으로는 어떤 것도 해낼 수 없다. 해트트릭을 달성하는 과정에는 동료들의 기여가 아주 컸다."

아르헨티나 대표팀의 주장으로 나선 '2015 코파아메리카'에서도 득점보다 도움을 올리는 플레이에 주력했다. 득점이 부족한 부분에 대한 지적에 "우리 팀이 완벽한 경기를 하고 있기 때문에 내 개인 득점이 없는 것에 대해서는 전혀 신경 쓰지 않는다"고 말했다. 성공과 시련을 반복하며 성숙해진 메시는 "개인 기록보다 팀의 승리와 우승에 신경 쓰고 있다"고 말한다. '2014 브라질월드컵' 결승전에서 패한 뒤 골든볼을 수상해 대회 최고의 선수로 인정받고도 전혀 기뻐하지 않았던 메시는 '2015 코파아메리카'에서도 개인의 영광에 관심이 없는 모습을 보였다. 대회 첫 경기였던 파라과이와의 경기에서 2-2로 비긴 뒤 경기 최우수 선수상 받기를 거부했고, 승부차기 끝에 결승전에서 패한 뒤에는 대회 공식 MVP 트로피도 받기를 거절했다. 메시가 끝끝내 거절하면서 결국 '2015 코파아메리카'는 MVP가 없는 대회로 마무리되었다. 그 어떤 개인적 성과도 메시에겐 팀의 성과 없이는 의미 없는 일이 된 것이다. 팀의 우승에도 개인 트로피를 챙기지 못해 분해하던 모습은 더 이상 없다.

철부지 같은 모습을 보였던 2011년 이후 4년의 시간이 지난

2015년, 축구 통계 전문 매체 '스쿼콰'와의 인터뷰에서 메시는 자신의 관심이 바뀌었다고 강조했다.

"내 목표는 항상 팀을 위해 우승컵을 드는 것이다. 승리가 언제나 나의 동기부여다. 팀으로 승리하는 것보다 더 기분 좋은 일은 없다. 훈련이든 경기 중이든, 트로피를 따는 것이 내가 상상하는 최고의 삶이다. 지금까지 이룬 만큼 앞으로도 이 팀에서 가능한 많이 달성하고 싶다."

호날두는 자신을 적대시하는 팀과의 경기에서 "메시!"라는 외침으로 도발을 당하곤 한다. 메시가 호날두보다 많은 개인상을 수상하고, 우승 트로피를 섭렵했다. 세간의 평가도 메시에 대해 높은 평가를 내리는 이들이 다수다. 메시는 펠레, 마라도나 등 역대 최고의 선수들과 비교되는 경우가 더 많다.

호날두와 메시는 서로에 대한 경쟁심이 강하지만, 막상 공개석상에서는 생각보다 사이가 나쁘지 않다는 것을 보여준 일화가 있다. 2015년 1월 스위스 FIFA본부에서 진행된 FIFA 발롱도르 시상식장에서의 일이다. 호날두의 아들이 메시를 보고서 악수를 하고 싶어 한 것. 호날주 주니어가 호날두에게 허락을 받고서 메시에게 다가가 악수를 청했고, 메시도 호날두 주니어의 머리를 쓰다듬어주며 반갑게 맞아주었다. 호날두는 메시에게 "아들이 우리가 뛰는 경기를 많이 본다. 특히 당신 이야기를 많이 한다"고 이야기를 해주었다. 호날두 주니어는 아빠만큼이나 메시의 플레이를 좋아했던 것이다.

둘의 불타는 경쟁심도 각자 아버지가 되고 나서는 누그러진 모습이다. 두 살 차이로 비슷한 인생의 행로를 걷고 있는 둘은 경쟁심만큼이나 공감대도 클 것이다. 언제나 냉혹한 승부의 세계에서 외나무다리 대결을 펼쳐왔지만, 둘이 한 팀에서 뛰게 된다면 의외로 가장 친한 친구가 될 수 있을지도 모른다는 생각이 든다. 그런 일이 벌어진다고 하더라도 둘의 선의의 경쟁은 또 다른 방식으로 한계를 넘어선 무언가를 만들어낼 것이다. 메시와 호날두는 축구계에 내려진 축복이다.

:

MESSI THEORY

"경쟁심의 효과적 활용법"

경쟁자를 지나치게 의식하는 것은 심리적으로 부작용을 낳을 수 있다. 무리한 운동으로 몸이 상할 수 있고, 경기 중 무리한 동작으로 실수가 생길 수 있다. 혹자는 "내 경쟁 상대는 가장 좋은 상태였을 때의 나 자신"이라고 말하기도 한다. 다른 누구와의 비교가 아닌 나 자신에 집중하는 것으로도 성장은 가능하다. 상대 평가가 아닌 절대 평가를 통해서도 충분히 발전이 가능하다. 그러나 자신에게만 집중한다면 한계와의 싸움에 동기부여를 찾기 어렵고, 구체적인 목표점을 설정하기 어렵다. 자신과 비등하게 발전하며, 같은 목표를 두고 경합하는 라이벌이 있다면, 일은 훨씬 쉬워진다.

바르사가 사용하는 경기 및 훈련 분석 프로그램을 개발한 스페인 축구 지도자 제라드 누스 전 가나 대표팀 코치는 기자와 만난 자리에서 메시와 호날두가 역사적인 득점 기록을 만들 수 있었던 이유로 둘이 동시대에 존재할 수 있었기 때문이라는 의견을 전했다.

"호날두와 메시는 재능이 탁월하다. 엄청난 열망과 야망, 실력, 신체적 능력을 갖추었고 정신적으로도 강하다. 그러면서도 매년 계속 발전하고 있다. 이미 많은 것, 모든 것을 이뤘음에도 계속해서 최고가 되기 위해 노력한다. 둘에게 가장 긍정적인 부분은 바로 서로가 존재한다는 것이다. 둘 중 하나가 없었다면 더 이상 지금 수준을 유지하고 발전하기 위해 이 정도로 노력하지는 않았을 것이다. 세계적인 기록을 계속 경합하는 두 선수가 있는 것은 세계 축구에도 좋은 일이지만, 무엇보다 서로에게 좋다. 그렇지 않았다면 정상에 오른 뒤 조금은 게을러질 수도 있고, 나태해질 수 있다. 서로가 서로를 안주하지 못하도록 하고 있다. 아주 흥미로운 현상이고 믿기지 않는 일이다. 세계적인 선수 두 명이 동시대에 나타났기 때문이다. 팬들은 그저 박수치면서 보기만 하면 된다."

호날두도 메시 못지않은 재능을 아주 어린 시기에 보였고, 이른 나이에 주목받고 성공 시대를 열었다. 메시의 승리욕이 공개적으로 드러나지 않은 반면, 호날두는 자신의 발언이나 경기 중 의사 표현을 통해 얼마나 큰 승리욕을 갖고 있는지 표출한다.

메시와 호날두의 공통점은 세계 최고의 선수 자리를 두고 다툰다는 것이며, 그 원동력이 세계 최고의 승리욕이라는 점이다. 최고의 기량을 갖춘 선수들이 최고의 승리욕을 갖고 부딪치면서 한계를 뛰어넘을 수 있었다. 메시와 호날두의 경쟁은 경쟁 심리를 긍정적으로, 그리고 효과적으로 활용한 대표적인 사례다.

메시는 홈 경기장보다 원정 경기장을 더 선호한다고 말하기도 했다. "난 원정 경기장을 더 좋아한다. 동기부여가 더 크다. 레알마드리드와 경기한다면 마드리드가 더 좋다. 난 라이벌 의식을 좋아한다."

경쟁 심리를 효과적으로 활용하는 법을 이미 몸으로 알고 있는 것이다.

:

실전 적용 TIP
"근거리에서 라이벌을 찾아라"

동서고금을 막론하고 역사 속에 위대한 성공을 거둔 이들에겐 근거리에서 치열하게 경합한 라이벌이 있었다. 역사상 최고의 피겨스케이팅 선수로 꼽히는 김연아는 전성기에 이르러 독보적인 '1등'으로 불렸으나, 성장기에는 일본 대표 선수 아사다 마오를 추격하는 입장이었다. 아사다를 목표로 노력한 끝에 라이벌이 되었고, 부단한 노력 끝에 아사다를 제치고 일인자가 되었다. 아사다도 김연아라는 라이벌을 넘기 위해 예정보다 오랜 시간 선수 생활을 하며 인생의 행로가 바뀌었다. 동시대에, 근거리에서 경합할 수 있는 라이벌을 찾는 것은 나 스스로 안주하거나, 목표의식을 잃지 않을 수 있는 가장 효과적인 방법이다. 지도자나 부모가 아무리 다그치고 옆에서 이야기를 해주어도 스스로 동기부여가 되지 않는 한 노력의 최대치를 끌어낼 수는 없다.

스스로 동기부여 되기 위한 첫 번째 방법은 즐김 속의 발전이지만,

그 다음 경쟁 속의 발전이 필요하다. 즐김에 비해 경쟁은 심리적 부담이 크고, 때로는 이 부담으로 인해 실수를 하는 경우도 생기지만, 정신적으로 더 강해질 수 있는 계기는 결국 경쟁 끝에 찾아온다. 자기 자신에게만 집중하던 때에는 보지 못한 경쟁자의 새로운 면모나 노하우는 나 자신에게도 도움이 된다. 경쟁에서 승리하기 위해 스스로 새로운 생각과 고민을 하게 된다. 그러는 와중에 알게 모르게 쌓이는 것들이 많다. 무한 경쟁 사회는 우정을 파괴한다는 지적을 받기도 하지만, 선의를 유지한 채 시너지 효과를 낼 수 있는 선에서 경쟁심을 갖는 것은 긍정적인 면이 더 많다.

너무 먼 곳에 있는 사람을 라이벌로 삼으면 감정적으로 불타오르기 어렵다. 교류도 되지 않아 혼자만의 싸움이 될 수밖에 없다. 근거리의 또래 친구와 내기나 게임 등으로 건강한 라이벌 관계를 형성한다면 동반 성장을 위한 좋은 기반이 될 수 있다. 다만, 수단과 방법을 가리지 않는 싸움이 아니라 정당한 노력을 통해 겨뤄야 한다는 원칙을 잊어선 안 된다.

모두가 1등이 될 수는 없다. 영원한 1등도 없다. 1등을 향해 치열하게 경쟁하지만, 1등 자체에 매몰되지 않고 경쟁 속에서 발전의 길을 찾는 것에 집중해야 한다. 어느 정도의 질투심과 더불어 상대의 성공을 축하할 줄 아는 너그러운 마음을 품을 수 있다면, 라이벌 관계는 건강해질 수 있다.

"모차르트와 살리에리는 건강한 라이벌"

　노력파가 천재를 질투하는 것을 두고 흔히 모차르트에 대한 안토니오 살리에리(Antonio Salieri)의 질투에 비유하는 경우가 많다. 모차르트와 살리에리는 18세기에 함께 활동한 대표적인 음악인이다. 오스트리아 궁정 악장이었던 살리에리는 실존 인물이다. 사실 살리에리가 생애 내내 모차르트에게 열등감을 가졌으며, 결국 독살을 한 주범이라는 이야기는 허구다. 러시아의 문호 알렉산드르 푸쉬킨이 모차르트 사후 6년 뒤인 1830년 발표한 희곡을 통해 널리 퍼진 풍문일 뿐이다. 이후 1984년 개봉한 영화 〈아마데우스〉(1979년 영국 극작가 피터 셰퍼가 쓴 희곡 〈아마데우스〉가 원작이다)로 인해 대중적으로 알려진 이야기다. 실제로 1790년대 빈에서 모차르트의 사인에 대해 살리에리에 의한 독살 소문도 있었다. 살리에리는 모차르트가 죽은 뒤 빈 음악계에 돈 풍문으로 인해 괴로워했다. 모차르트의 처가와 친척인 음악가 베버도 독살설로 인해 살리에리를 멀리했다는 기록이 있다. 살리에리는 1823년 사망했는데, 죽기 전에 치매로 고생했다. 그는 요양원에서 "내가 모차르트를 죽였다"는 혼잣말을 한 것으로 전해진다. 치료가 된 후 확실히 부인했으나, 소문을 확대시킨 사건 중 하나다.

　살리에리는 모차르트와 마찬가지로 빈에서 활동했고, 그보다 6살이 많았다. 궁정에서의 지위를 놓고 실제로 경합이 이뤄지기도 했다. 둘은 분명 경쟁 관계였다. 다만 먼저 출발한 쪽이 살리에리인 만큼 경쟁의식을 먼저 느낀 쪽은 모차르트였다는 분석이 있다. 모차르트의 부친 레오폴트의 편지에 따르면 "황제의 눈에 든 인물은 살리에리뿐"이라는 구절이 있고, 모차르트의 누나 난네를과 주고받은 서신에도 살리에리가 모차르트의 오페라를 방해했다는 뉘앙스의 내용이 있다. 그러나 시간이 흐를수록 살리에리가 모차르트의 음악성을 인정하고 지원하면서 둘의 관계는 우호적으로 자리를 잡았다. 1788년 궁정 카펠마이스터였던 살리에리는 자신의 오페라가 아닌 모차르트의 〈피가로의 결혼〉을 상연했고, 1790년 레오폴트 2세의 황제 대관식에서도 자신의 곡이 아니라 모차르트의 미사곡을 직접 지휘했다. 〈오펠리아의 회복〉이라는 칸타타를 공동 작곡하기도 했다. 모차르트가 부인 콘스탄체에게 보낸 편지에는 살리에리가 모차르트의 오페라 〈마술피리〉를 보고 나서 '브라보'를 외치며 환호했다는 이야기가 실렸다. 살리에리를 공연장에 직접 데려간 인물도 모차르트였다. 둘은 서로를 인정하고 존중하는 선의의 경쟁자였던 셈이다.

1750년 8월 이탈리아 레가노에서 태어난 살리에리는 오페라, 실내악, 종교음악에 탁월했으며, 베토벤, 슈베르트, 리스트 등 당대의 음악가를 가르친 뛰어난 음악 교사로도 유명하다. 살리에리가 알려진 것처럼 질투심으로 가득한 인물이었다면, 후대에 자신보다 높은 평가를 받게 된 최고의 음악인들을 정성 들여 키워냈으리라 생각하기 어렵다. 심지어 살리에리는 모차르트의 둘째 아들 프란츠 크사퍼 볼프강 모차르트를 제자로 가르치기도 했다. 모차르트의 아내 콘스탄체가 흉흉한 소문에도 불구하고 모차르트와 살리에리의 진짜 관계를 잘 알고 있었기에 내린 결정이었을 것이다.

다만, 픽션이라고 하더라도 모차르트를 향한 살리에리의 심리 묘사는 세기를 거쳐 회자될 정도로 대중의 큰 공감을 얻었다. 노력으로 도달하기 어려운 수준의 상대를 만났을 때 느끼는 좌절감은 살면서 누구나 한 번쯤 겪는다. 아마 메시와 모차르트의 성공 스토리를 읽고 있는 독자들도 '나도 한 번 해보자'는 동기부여를 얻기도 하지만, '나는 어떻게 해도 안 되겠다'고 낙담하는 경우가 있을 것이다. 그러나 주지할 것은, 천재로 불린 모차르트도 홀로 완성된 것이 아니라는 점이다. 그 역시 수많은 동 시대 음악가들의 영향을 받았고, 그들을 통해 배웠으며, 그의 음악도 모든 작품이 다 큰 성공을 거두거나 호평을 받은 것이 아니다. 모차르트도 많은 이들에게 자극을 받으며 성장했고, 다른 이들도 모차르트에게서 자극을 받으며 발전했다. 모차르트가 어린 나이에 만들어낸 놀라운 결과물은 나이가 들어 정체기를 맞은 베테랑 작곡가들에게 특히 신선한 자극이 되었을 것이다.

전성기를
유지하기 위한 방법

영원한 성공은 없습니다. 영국의 수상이었던 윈스턴 처칠(Winston Churchill)은 "성공이 끝은 아니다"라는 말을 남겼습니다. 정점에 올랐다고 하더라도, 인생은 영화가 아닙니다. 그 뒤로도 자리를 지키기 위한 싸움은 계속되고, 언젠가는 내려가야 하는 순간이 옵니다.

중요한 것은 성공을 어떻게 관리하느냐 하는 것입니다. 최고가 되기 위한 노력은, 최고가 된 순간 멈출 수 있습니다. 그래서 성공을 가장 큰 적이라고 부르는 이들이 있습니다. 미국의 작가 제럴드 내크먼(Gerald Nachman)은 그래서 "성공만큼 큰 실패는 없다"고 했습니다.

이른 나이에 전성기에 도달한 메시는 반짝 스타로 그치지 않았습니다. 2009년 발롱도르를 수상하며 겨우 만 22세의 나이로 세계 최고의 선수임을 공인받았습니다. 그리고 4년 연속 발롱도르상을 지켰습니다. 축구 역사상 누구도 이루지 못한 업적입니다.

과연 메시가 정점에 오르고도 계속된 도전을 통해 정상의 자리를 차지할 수 있었던 비결은 무엇일까요? 메시는 스스로 자신이 누구보다 '자기비판적'인 삶을 살고 있다고 밝혔습니다. 메시가 전성기를 관리할 수 있었던 비결을 소개합니다.

"발롱도르 4회 연속 수상의 비결"

메시는 호나우지뉴로부터 바르사 에이스의 바통을 넘겨받았지만, 세계 최고의 선수라는 자리에 오르기까지는 시간이 필요했다. 2006년에는 독일월드컵 우승을 이끈 이탈리아 수비수 파비오 칸나바로Fabio Cannavaro가 FIFA 올해의 선수상과 발롱도르를 수상했다. 2007년에 정상에 오른 선수는 브라질 미드필더 카카Ricardo Kaka다. 카카는 2006/2007시즌 AC밀란을 UEFA챔피언스리그 우승으로 이끌며 대회 득점왕과 MVP를 석권했다. 메시는 이때 처음으로 발롱도르와 FIFA 올해의 선수상 최종 후보에 올랐다. 당시 맨체스터유나이티드에서 뛰던 크리스티아누 호날두와 함께였다. 발롱도르에서는 호날두가 2위, 메시가 3위에 올랐고, FIFA 올해의 선수상에서는 메시가 2위, 호날두가 3위를 차지했다. 당시 발롱도르는 세계 축구 전문 기자들의 투표로 선정됐고, FIFA 올해의 선수상은 전 세계 축구대표팀 감독과 주장의 투표로 선정됐다. 메시는 겨우 만 스무 살의 나이에 세계 최고 반열에 올랐다.

2008년 발롱도르와 FIFA 올해의 선수상 주인공은 호날두였다. 맨유의 UEFA챔피언스리그 우승을 이끌며 득점왕과 MVP를 받았다. 메시는 두 부문에서 모두 2위였다. 2009년에 마침내 메시에게 세계 최고의 선수라는 영예가 찾아왔다. 호나우지뉴가 떠나고 바르사의 등번호 10번을 물려받은 메시는 바르사의 UEFA챔피언스리그 우승을 비롯한 6관왕 달성을 이루며 발롱도르와 FIFA 올해의 선수상을 받았다. 호날두는 2위로 밀려났다.

발롱도르는 프랑스 축구 전문지 「프랑스풋볼」이 1956년 제정한 유서 깊은 개인상이다. 본래 유럽 리그에서 뛰는 유럽 선수를 대상으로 수여해온 유럽 최고의 선수상이었다. 1995년부터 국적에 관계없이 유럽에서 뛰는 선수로 후보 범위를 넓혔고, 2007년에는 활동 무대에 대한 제한까지 없애며 전 세계 최고의 선수에게 수여했다. 전 세계 축구 전문 기자의 투표로 진행된다는 점에서 발롱도르는 수상의 객관성과 공정성을 인정받았다. 1991년 국제축구연맹이 제정한 FIFA 올해의 선수상은 각국 대표팀 감독과 주장이 생각보다 많은 리그 경기를 보지 않아 인기투표에 가깝다는 지적을 받았다.

발롱도르와 FIFA 올해의 선수상 수상자가 겹치고, 범위가 겹치면서 권위 논란이 일자 2010년부터 두 상은 통합되었다. FIFA 발롱도르라는 이름으로 새롭게 시작한 2010년 초대 수상자도 메시였다. 남아공월드컵에서의 실패, 바르사의 UEFA챔피언스리그 타이틀 방어 실패라는 결과에도 메시의 개인 기량이 세계 최고라는 점에 대해서는 그 누구도 의문 부호를 달지 않았다. 메시는 2011년과 2012년에도 내리 수상해 4연속 수상이라는 금자탑을 쌓았다. 단숨에 역대 최다 연속 수상 및 최다 수상자가 됐다.

메시의 수상은 팀 성적과 관계없이 이뤄졌다. 2010년에 인터밀란이 UEFA챔피언스리그에서 우승했지만 한 명의 개인보다 팀원 전체의 조직이 빛났다. 2012년 첼시의 우승도 마찬가지였다. 메시만큼 빛난 개인은 찾아보기 어려웠다. 메시가 독보적인 수상 행진을 이어갈 수 있었던 것은 그가 가진 귀신 같은 드리블 능력과 득점력 때문이다. 축구를 아는 이라면 메시가 누구도 범접할 수 없는 플레이를 펼치고 있다는 사실을 알 수 있다.

메시의 최대 강점은 파울이 아니고선 빼앗을 수 없는 섬세한 드리블이다. 발재간이 화려한 것이 아니라 상대가 빼앗을 수 없는 곳으로 공을 빼내고 전진하는 능력이 탁월하다. 메시는 그 비결에 대해 묻자 이렇게 답했다.

"나는 가능한 한 공을 발 가까이에 두려고 한다. 그렇게 함으로써 상대 선수로부터 공을 지키려고 노력한다. 가까이 공을 두는 드리블을 시도하는 것에 특별한 비밀이 있는 것은 아닌데… 항상 상대 선수들과 일대일로 마주하게 되는 상황을 만들려고 시도한다. 수비수의 움직임을 기다린 뒤 그와 함께 플레이한다. 수비수가 무얼 하는지 보고 한쪽으로 가는 척하면서 속이고 다른 쪽으로 가는 것이다. 난 공을 보지 않고, 상대의 발을 주의 깊게 본다. 공이 어디에 있는지는 이미 알고 있기 때문이다."

공을 신체 중심에 최대한 가깝게 두고, 상대의 발이 움직이면 그 반대 방향을 택한다. 말로는 쉽지만 수비의 예측을 벗어나기 위해선 이 동작을 매우 빠르게 수행해야 한다. 메시의 드리블을 과학적으로 분석한 결과 메시는 초당 4.5걸음을 걸을 정도로 발놀림이 빨랐다. 육상 세계 기록을 보유한 자메이카 선수 아사파 파월Asafa Powell이 2007년

기록한 초당 4.4걸음보다 빠른 수치다.

메시는 발만 빠른 것이 아니다. 사고의 속도와 판단의 속도도 빠르다. 빠르고 정확한 판단을 내리기 위해선 먼저 정확한 상황 파악 능력이 필요하다. 메시의 개인 트레이너로 수년간 근거리에서 메시를 지켜본 후안호 브라우는 메시의 시야 범위가 굉장히 넓고, 비상한 기억력을 갖고 있다고 밝혔다.

"메시는 360도 전체에서 모든 정보를 얻고 있다. 그걸 알게 되면 꽤 놀라게 될 거다. 메시는 어디에 무엇이 있는지 정확히 알고 있다. 그는 자신이 본 모든 것을 기억해내는 능력이 있다. 인지 지능이 아주 뛰어나다. 그런 습관을 갖고 있다. 메시는 직업적으로 아주 지적인 인물이다. 다른 사람이 보지 못하는 것까지 본다. 그는 타깃이 아니라 골을 향해 슈팅을 한다. 이는 아주 다른 것이다. 선수들은 골 에어리어에 가면 골대의 두 기둥과 크로스바로 구성된 골문에만 주목한다. 이 안으로만 차 넣자는 생각이다. 메시는 여기에 골키퍼를 같이 보고 어느 시점에 슈팅하는 것이 좋은지 계산을 한다. 적합한 시점을 수초 안에 찾아낸다."

바르사 유소년 팀에서 메시와 함께 자랐던 스페인 미드필더 세스크 파브레가스도 메시의 장점으로 기술보다 지능을 꼽았다.

"메시는 머리가 좋았다. 자신이 해야 할 일과 하지 말아야 할 일에 대해 늘 잘 알고 있었다. 경기장에서나 드레싱룸, 그 밖의 장소에서 모두 그랬다."

메시에게 말이 없는 이유에 대해 묻자 "난 듣는 것을 더 선호한다.

말할 것이 없는데 왜 이야기하나"라며 반문한 적이 있다. 자신의 생각을 떠벌리기보다 주변의 생각을 듣고, 파악하고 사고하는 성격이다. 이를 통해 최대한 많은 정보를 습득하고, 해석하는 사고력을 갖추게 되었다.

메시는 말보다 사색을 즐긴다. 2015년 영국 축구지 「포포투」와의 인터뷰에서 "내가 직접 차를 몰고 간다. 드라이브를 즐기긴 하지만 최대한 얌전히 운전한다. 혼자 차를 몰면서 훈련 전에 조용히 생각할 수 있어 좋다. 경기를 앞두고도 마찬가지다. 생각에 집중하기 위해서 항상 같은 길을 이용한다"며 사색하는 습관을 갖고 있다고 밝혔다. "상상하기를 좋아한다. 상대 수비수라든가 어떤 플레이 상황을 머릿속으로 그린다. 당연히 최상의 시나리오를 상상해야 한다. 이미지 트레이닝은 굉장히 효과가 좋다고 생각한다."

똑같이 상황을 파악하고, 뛰어난 기술과 스피드를 갖춰도 올바른 판단을 내릴 수 있는 명민함이 없다면 좋은 결과를 낼 수 없다. 메시는 이 모든 부문에서 완벽하다. 메시도 성공을 거두기 위해 기술적인 훈련뿐 아니라 좋은 판단을 내리기 위한 지능 계발도 게을리하지 않았다고 말했다.

"지난 몇 년간 팀 전술 훈련을 하면서 공이 없는 상황에서의 움직임이 좋아졌다. 전술 훈련이 경기 도중에 보이는 움직임에 많은 도움을 줬다. 팀과 함께하면서 항상 공을 받기 위한 최적의 공간을 찾으려고 시도한다. 사람들이 영리하다고 말하는 이유는 (선택이 필요한 상황에서) 올바른 결정을 내렸기 때문이라고 생각한다. 공을 가지고 있을 때가 경기의 전부가 아니다. 지쳤을 때나 공이 없을 때 상황을 지켜보고 영리하게 플레이해야 한다.”

아르헨티나 대표팀과 바르사에서 모두 메시와 함께 생활 중인 미드필더 하비에르 마스체라노는 메시가 다른 선수와 다른 점으로 수동적 선택이 아니라 능동적 선택을 내린다는 것을 꼽았다.

“보통 선수들은 경기에 통제당한다. 메시는 공을 잡을 때나 잡지 않을 때 자신의 선택을 통해 경기를 통제하려 한다. 그 점이 다르다.”

메시는 자신의 판단이 주도적인 배경으로, 사전에 미리 계획하거나 정해진 플레이를 하기보다 즉흥적으로 답을 찾는 방식을 취하기 때문이라고 설명했다. 때로 과도한 계획은 보수적이고 경직된 판단을 하게 만든다. 메시는 즉각적으로 그때그때 최상의 판단을 내린다. 그가 가진 모든 장점이 지체 없이 시너지를 낸다.

“난 경기장 위에서 될 수 있으면 생각하지 않으려고 한다. 공을 얻는 것에 대해서만 집중한다. 공이 있어야 플레이할 수 있기 때문이다. 공을 잡으면 그때 플레이한다. 드리블에 대한 계획을 세우지는 않는다. 저절로 나오는 것이다. 훈련 중에 상대 팀이 누구인가는 따로 생각하지 않는다. 어느 팀이든 상관없다.”

이렇게 최고의 선수가 된 메시가 전성기를 길게 이어갈 수 있는 이유는 정상의 자리에 올랐음에도 자신의 단점과 한계를 극복하기 위해 부단한 노력을 기울였기 때문이다. 중요한 것은 그 노력이, 노력을 위한 노력이 아니라 즐거운 마음으로 기꺼이 임한 노력이었다는 점이다.

2012년 1월, 세 번째 발롱도르를 수상했을 때 메시는 “난 아직도 훈련장에서 가장 늦게 떠나는 것에 익숙하다. 라커룸에 있는 것도 좋다. 다른 것은 더 할 필요가 없다고 생각한다. 난 축구와 축구 훈련을 사랑한다"고 말했다. 네 번째 수상을 했을 때도 그의 자세는 달라지지 않았다.

"나의 야망은 계속해서 발전하기 위해 노력하는 것이다. 축구계에서 나도 예외는 아니다. 내 목표는 성장하는 것이다. 내가 지금 갖고 있는 것에도 불구하고, 난 늘 모든 면에서 더 나아지고 싶다."

즐기는 것보다 더 좋은 동력은 없다. 메시는 다른 어떤 덕목보다 성공을 위한 최고의 재료를 갖고 있다.

:

MESSI THEORY

"자기비판을 생활화한 메시"

주위에서 모두 최고라고 칭찬해도 메시는 우쭐하지 않았다. 자신만의 판단 기준이 확고했기 때문이다. 메시는 자타공인 세계 최고로 인정받던 시절 기자와의 인터뷰에서 "난 단점이 엄청나게 많다. 최고가 되고, 또 최고를 유지하기 위해 계속 성장하고 발전해야 한다"고 말했다. 메시는 매번 경기를 마치고 나면 직접 자신의 경기를 돌려보고, 복기하며 자기비판의 시간을 갖는다.

"난 내 경기를 비판적으로 본다. 경기를 잘했든 못했든 발전하기 위해 분석한다. 항상 내가 뛴 경기를 녹화해서 보면서 나쁜 점을 체크

한다. 그러고 나서 주제프 과르디올라 감독님과르디올라 감독이 바르사를 지휘하던 시절 가진 인터뷰였다과 내 플레이에 대해 이야기를 나눈다. 그의 의견이 아주 중요하다. 물론 팀 동료나 코칭스태프, 아버지와도 매 경기 이야기를 나누고 잘못된 점을 개선하려고 노력한다."

메시는 성인 선수가 된 이후에도 자신의 축구 인생에 있어 첫 번째 스승이라고 할 수 있는 아버지와 경기력 개선을 위한 토론 시간을 갖고 있다. 자기 자신을 비판적으로 보는 습관은 부친 호르헤의 영향이 크다. 메시의 부친은 아들을 천재로 대하지 않았다. 타고난 재능을 칭찬하면 노력을 게을리하고, 나태해질 수 있기 때문에 경계했다. 아들을 자랑스러워하고, 지지했으나, 지나친 칭찬은 삼갔다.

"난 아버지가 충족할 만큼 잘하지 못했다. 어렸을 때 경기에서 4골을 넣었는데 아버지에겐 충분치 않았다. 아버지는 늘 비판적으로 보고, 내가 더 해내길 바라도록 만드셨다. 아버지께 '잘했다'는 얘길 듣고 싶다는 마음으로 매진했다. 하지만 아버지가 '잘했다'고 말하시는 걸 듣는 것은 드물었다."

물론 메시의 부친 호르헤는 아들이 천재라는 것을 알고 있었다. 독일 축구지 「키커」와의 인터뷰에서 "과장하고 싶지 않지만 팀에서 메시는 실질적으로 모든 것을 잘했다. 득점을 올리고, 위험 상황을 만들었다. 단 한 명의 선수가 경기에 차이를 만들었다. 팀을 가속시킨 한 명이었다. 그가 내 아들이라서 하는 말이 아니다. 정말 그랬다"고 말하며 어린 메시의 특별함에 대해 말한 바 있다. 그러나 아들이 스스로 그렇게 느끼고 자만하지 않도록 했다.

메시는 스스로에게 비판적이었지만, 외부의 평가에 대해서는 신경 쓰지 않았다. 언론의 비평과 외부 전문가들의 의견보다 자기 자신과 주변의 신뢰하는 인물의 의견에만 집중했다. 건설적인 비판만 받아들이고, 여론의 반응에 정신적 스트레스를 받지 않을 수 있었던 이유다.

"내가 좋은 경기를 하지 못하면 비판이 나올 수밖에 없다. 하지만 내 시각은 언론과는 다르다. 내가 두 골을 넣으면 언론은 최고라고 치켜세운다. 하지만 똑같이 두 골을 넣은 경기라도 나 자신은 내 플레이에 화가 날 때가 있다. 매 순간 무엇을 잘했고 무엇을 못했는지 알아야 한다. 그래서 모든 상황에 대해 숙고해야 한다. 골을 넣었는가 못 넣었는가와 상관없이 얼마나 좋은 플레이를 했는가에 대해 분석하고 잘못된 점을 고치기 위해 노력해야 한다."

즉, 메시는 좋은 플레이를 하지 못했는데도 우연히 승리와 성공이 찾아오면 거기에 큰 값어치를 두지 않는다. 상대의 실수나 잘못으로 승리한다면, 다음 경기에서 승리를 보장할 수 없다. 메시는 스스로의 힘으로 승리해야 만족한다. 그래서 메시의 자기비판은 경기의 경중, 자신의 득점 기록, 경기 내용과 관계없이 이어졌다. 내용과 기록, 결과 모든 면에서 완벽하지 않으면 만족하지 않았다.

어린 시절부터 그랬다. 유소년 팀 시절의 일화다. 메시는 에스파뇰 유소년 팀과의 경기에서 상대 골키퍼의 연이은 선방 속에 패배했다. 이미 리그 우승이 확정된 경기였음에도 경기가 끝나고 눈물을 흘렸다. 15세 때였다. 라커룸에서 바스케스가 무슨 문제가 있느냐고 묻자 "미안해. 내가 골을 넣지 못했어. 기분이 정말 좋지 않아. 팀이 이기도록 돕지 못했어"라고 답했다. 많은 기회를 만들며 좋은 경기를 했지만 여러 기회를 놓친 경기였다. 다음 경기에서 메시는 해트트릭을 했다. 고인이 된 티토 빌라노바는 바르사 유소년 팀과 1군 팀에서 모두 메시를 지휘한 바 있다. 그는 "메시만큼 만족을 모르고 끝없이 스스로에게 요구하는 선수는 본 적이 없다"면서 "환상적인 경기를 하고 났는데도 피치에서 떠나지 않고 스스로 화를 낸 적도 있었다. 그 자신의 생각엔 충분히 잘하지 않았다고 여긴 것이다"라고 말했다.

2010년 7월부터 2015년 1월까지 바르사 단장직을 지낸 전 바르사 선수 안도니 수비사레타Andoni Zubizarreta가 꼽은 메시의 최고 덕목은 끊임없는 자아성찰을 통한 멈추지 않는 발전이다.

"메시가 계속해서 배우려고 하는 점을 존경한다. 축구 경기 중 수많은 문제 상황을 만나는데 그처럼 많은 해결책을 만들어내는 선수는 본 적이 없다."

메시는 최고의 선수일 뿐 아니라 최고의 경기 분석가다. 자기 자신의 문제가 무엇이고, 그 문제를 어떻게 해결해야 하는가에 대한 냉철한 분석 능력은 메시가 최고의 자리를 유지할 수 있는 힘이다.

메시가 자신의 경기 영상만 보는 것은 아니다. 어린 시절에는 로사리오에서 응원하던 뉴웰스의 경기를 자주 보러 다닌 것은 물론 지역 하부 리그를 전전하던 센트랄 코르도바Central Cordoba의 경기도 자주 보러 다녔다. 메시는 지금도 쉬는 날 다른 팀의 경기를 즐겨 본다. 메시의 24시간은 온통 축구로 채워져 있다. 훈련, 축구 경기 보기, 축구 게임이 대부분이다.

:

실전 적용 TIP

"겸손의 의미를 깨달아라"

어려서부터 천재 소리를 들었지만, 자아성찰을 생활화한 메시는 2000년, 겨우 만 13세에 가진 아르헨티나 신문 「라 카피탈La Capital」 과의 인터뷰에서 "겸손함은 인간이 결코 잃어선 안 되는 것"이라고 말했다. 나이답지 않은 성숙한 발언이다. 자기 자신을 지나치게 낮추고, 자신감을 갖지 못하는 것은 문제다. 그러나 겸손함을 갖는 것은 그와는 다른 개념이다. 소극적이고 순종적인 것을 뜻하는 것이 아니라 타인을 존중하고, 자기 자신에 대해 냉정하고 겸허하게 바라볼 수 있게 하는 덕목이다.

백승호와 이승우 등 FC바르셀로나 유소년 선수들의 합류 당시 대한민국 U-18 대표팀의 안익수 감독은 '겸손'을 강조하는 과정에서 여론과 팬들의 오해를 샀다. 일각에서는 이 발언을 두고 선수들의 개성과 기를 억누르기 위한 시도라고 지적했다. 당돌하게 자기주장을 펴는 신세대 스타들의 기를 죽이는 구식 지도자라는 비판이었다. 안 감독의 진의는 달랐다. 안 감독은 이런 시선에 대해 오해라고 말했다. 기자와 만난 자리에서 프로 축구의 세계에서 이야기하는 '겸손'의 정의를 설명해주었다. 안 감독의 '겸손'은 지도자의 말에 순종하고 자신을 낮추라는 의미가 아니었다. 이는 현재 수준의 기량에 만족하지 말고 끊임없이 실력 향상을 위해 매진하라는 메시지였다.

212

"겸손함이라는 단어 속에는 배움의 열정을 갖게 한다. 겸손함은 선수가 계속해서 성장할 수 있는 연료다. 이 연령대에서 제일 중요한 것이 겸손이다. 내가 부족하다고 느껴야 배우려 나서게 된다. 난 이 정도면 됐다고 생각하면 발전이 없다. 성장을 계속하기 위해 계속할 일이 겸손이다."

바르사 유소년 팀은 선수들의 기량 향상 과정에 인성 교육이 매우 중요하다고 강조한다. 세계 최고가 될 수 있는 기술을 갖췄다고 하더라도, 11명이 하나의 팀으로 움직여야 이길 수 있는 축구에서 개인만을 생각한다면 승리할 수 없다. 동료를 생각하고, 자기 자신을 꾸준히 발전시키기 위해선 말뿐이 아니라, 마음속 깊숙이 겸손의 의미를 알아야 한다. 메시는 바로 그 겸손을 어려서부터 깨달았다. 그래서 성장 과정에서 단 한 번도 자만하고 우쭐하지 않고 발전을 이어갈 수 있었다. 겸손에 대해 강제적 훈육이나 이론적 가르침이 아니라 스스로 이해하도록 해야 한다.

"영원한 아이, 모차르트 장난기의 명암"

어려서부터 수많은 나라를 돌며 연주 여행을 하고, 각국의 황족과 귀족을 만났던 모차르트는 매우 사교적인 성격을 갖게 되었다. 단순히 연주와 작곡에만 능한 것이 아니라 귀여움과 애교를 무기로 모두에게 사랑을 받았다. 모차르트는 어디를 가도 자기 집에 온 것처럼 편하게 지냈고, 어려울 수 있는 고위 관리들과도 가족같이 지냈다. 그의 본능에 사교성이 새겨진 것 같았다. 외적으로도 매력적인 아이였고, 모두의 사랑을 받았기에 새로운 사람을 만나 관계를 맺는 것에 두려움이 없었다. 자신감 있게 장난을 치고 농담을 하고 막역하게 대했다. 빈의 황궁에 방문했을 때 황후의 무릎 위로 뛰어 올라가 목을 끌어안고 입맞춤을 했던 행동은 무례하게 여겨지지 않았고, 오히려 황족과의 관계가 더 돈독해지는 계기가 되었다. 모차르트는 극도로 쾌활한 아이였는데, 사실은 사람들이 자신을 사랑해주지 않을지 모른다는 불안감에 매우 전전긍긍하기도 했다고 전해진다.

가족과 지인, 일로 관계를 맺는 이들에게도 끊임없이 애정을 확인받고자 했던 행동 방식은 긍정적인 효과를 거둘 때도 있었지만 나이가 들어가면서는 '영원한 철부지'라는 부정적인 평가를 받게 하기도 했다. 어린 시절부터 계속해서 어른들 사이에 둘러싸인 그의 삶은 그가 영원한 아이처럼 행동하게 만들었을지 모른다.

모차르트의 아이다운 면모에서 발견되는 긍정적인 면은 그의 세심한 관찰력이다. 모차르트가 연주 여행을 다니며 남긴 수많은 편지에는 그가 마주친 인물들과 수많은 풍경에 대한 재치 있는 묘사가 돋보인다. 그는 농담의 귀재이기도 했다. 모차르트의 편지를 살펴보면 상상조차 할 수 없는 기발한 농담이 많다. 모차르트는 종종 변장을 하고 사람들의 모습을 지켜보기를 즐겼다. 창작을 위한 영감을 얻기 위해서다.

모차르트의 창조적 생각과 주의 깊은 관찰 습관은 그가 위대한 오페라 작곡가로 성공할 수 있었던 원동력이 됐다. 단순히 좋은 선율을 만들어내는 것뿐 아니라 좋은 스토리를 담은 오페라를 만들었다. 모차르트는 뛰어난 연주자에서 작곡가가 되었고, 극작가로서의 재능도 보인 것이다. 모차르트의 오페라에는 인간성에 대한 뛰어난 통찰력이 돋보인다. 극중 인물의 심리 묘사에 대한 디테일과 생생함이 가사와 음악에 실려 관객을 감동시켰다. 대중에 잘 알려진 오페라 〈피가로의 결혼〉의 3막 6중창 파트는 모차르트의 디테일을 보여주는 대표적인 대목이다. 등장인물 6명이 모두 같은 노래를 부르고 있지만, 서로 다른 노래를 부르는 것처럼 들리도록 구성했다.

계속해서 아이 같은 모습을 유지한 것은(메시처럼 키도 작았기 때문에 어려 보이는 이미지가 오래 지속되었다) 음악적 천재성에 있어서는 모차르트에게 도움이 되었지만, 세간의 평판에는 도움이 되지 않는 경우가 늘어났다. 나아가 그의 음악에 대해서도 가볍다는 이미지가 덧칠해진 이유가 되기도 했다. 모차르트는 자신의 음악적 우수성에 대해 잘 알고 있었다. 그 점에 있어서 특별한 겸손함을 표하지 않았다. 1787년에 저질 작곡가들의 곡을 패러디한 작품 〈음악적 농담(A Musical Joke)〉은 재미있는 음악이었지만, 누군가를 조롱하고 있는 음악이라는 점에서 불쾌감을 남길 수 있었다. 모차르트의 악동 기질, 천재의 악의가 드러난 대표적 작품이었다. 모차르트 평전을 쓴 필립 솔레르스도 '모차르트는 분별이 없고, 돈이 많이 필요하며 낭비벽이 있다'고 썼다. 수입과 지출을 맞추는 데 무능하고 몽상에 잠겼다. 분별 없는 모습을 자주 보여 대중의 인기를 잃어갔다.

신에서 사람으로,
메시도 사람이다

리오넬 메시는 축구의 신으로 불립니다. 메시라는 이름은 외국에서 '메시아(Messiah)'로 연결되고, 국내에서는 '메신(神)'이라는 별명이 붙었죠. 하지만, 메시도 신이 아닌 인간이라는 것을 목격하는 순간들은 적지 않습니다. 메시라고 해서 모든 경기에서 골을 넣고, 모든 경기에서 승리하고, 모든 대회에서 우승하지는 못했습니다. 메시에게도 실패와 패배가 있었습니다. 중요한 것은 실패와 패배에 어떻게 대처하느냐 입니다. '실패는 성공의 어머니'라는 말은 만고불변의 진리입니다. 실패가 있어야만 진정한 성공을 얻을 수 있습니다. 메시도 실패 속에서 더 강해지고, 많은 것을 배웠습니다. 메리 케이 애쉬(Mary Kay Ash)는 "실패하는 것은 곧 성공으로 한 발짝 더 나아가는 것"이라고 했습니다. 신에서 사람으로 추락했다는 말을 들은 순간마다, 메시는 더 높이 비상할 수 있었습니다. 메시가 어떻게 실패를 성공의 자양분으로 만들었는지, 그 이야기 속으로 들어가 보시죠!

"부상, 부진, 무관"

메시에게도 시련은 적지 않았다. 부상을 당해 중요한 경기에 나서지 못하고, 상대의 수비 전술에 꽁꽁 묶인 경험도 없지 않다. 한 시즌동안 주요 대회 우승컵을 하나도 들지 못한 채 마무리하기도 했다. 이러한 실패 속에서 자신이 잘못한 것이 무엇인지를 되새기고, 보완하며성장하고 발전했다.

2006/2007시즌은 메시가 프로 데뷔 후 확실히 주전 자리를 꿰찬해다. 그러나 바르사는 이때 라리가와 UEFA챔피언스리그, 코파델레이 등 주요 대회 우승컵을 모두 놓쳤다. 시즌 시작 당시 라리가 우승팀자격으로 나선 수페르코파 데 에스파냐 우승컵 하나를 챙긴 것이 전부였다. 바르사가 라리가 우승을 놓친 결정적인 계기는 리그 종료가임박한 36라운드 경기에서의 무승부다. 카탈루냐 더비 라이벌인 RCD에스파뇰과의 경기에서 메시는 2골을 넣으며 맹활약했으나, 팀으로부터 질타를 받았다. 당시 바르사 코칭스태프의 핵심 인물이었던 헹크텐카테 코치는 "메시는 프로 인생에서 많은 교훈을 얻었을 것이다. 에스파뇰전에 이기지 못하면서 리그 우승을 놓쳤다. 메시는 자리를 지키지 않았고 공을 되찾기 위해 뛰지 않았다"고 말했다.

메시는 같은 실수를 반복하는 유형의 사람이 아니다. 그 이후 메시는 공격 지역에서 수비적 노력을 게을리하지 않았다. 오직 공격과 골에만 집중하던 메시도 "난 서서히 팀을 위해 더 뛰게 됐다. 내가 굉장히 고집스러웠기 때문에 팀의 입장에선 쉽지 않았을 것"이라며 바르사의 배려와 도움 속에 자신이 진정한 팀플레이어로 성장할 수 있었다고 말했다.

2007/2008시즌에는 다른 문제가 찾아왔다. 메시는 2007년 12월 발렌시아전과 2008년 3월 셀틱전에서 부상을 당했다. 발렌시아전에서 왼쪽 대퇴이두근 파열로 전치 4주 진단을 받았다. 셀틱전에도 같은 부위에 세 번째 부상을 입어 6주 동안 경기에 나설 수 없었다. 메시는 유소년 시절부터 스타일상 수비의 견제를 많이 당했지만, 특별히 부상이 잦은 편은 아니었다.

한 시즌 동안 두 차례나 작지 않은 부상을 입자 바르사 측에서는 원인 분석에 나섰다. 부상 상황에서 수비와의 경합이 특별히 더 강했던 것이 아니기 때문에 메시의 몸 상태에 문제가 있다고 여겼다. 당시 아르헨티나 대표팀의 주치의 오라시오 다고스티노Horacio D'agostino는 부상의 원인으로 메시의 근육 과사용을 지적했다. 메시 자신이 갖고 있는 피지컬 능력에 비해 과도하게 힘을 쓰고 있다는 것이다. 오라시오는 "메시는 자신의 몸이 통제할 수 있는 범위를 넘어서서 달리고 있다. 골을 넣겠다는 강박 때문에 근육을 무리하게 사용하고 있다"고 설명했다. 스페인의 스포츠 부상 전문의 조르디 데솔라Jordi Desola의 진단도 같았다. 그는 스페인 라디오 방송 'RAC1'과 인터뷰에서 "메시는 자신의 몸에 너무 큰 부담을 가하며 높은 수준으로 폭발력을 내는 운동 선수"라며 그의 경기 스타일 자체가 부상을 부르고 있다고 말했다. 그는 메시의 상황을 자동차에 비유했다.

"F1 자동차는 매우 복잡한 엔진을 사용한다. 메시는 F1 자동차와 같다고 보면 된다. 1단 기어를 두고 120mph로 운전을 하면 당연히 엔진이 고장난다. 물론 자동차는 부서지지 않는다. 다음 날이면 쓸 수 있다. 메시는 대단한 스태미나를 갖췄다. 그래서 근력의 한계를 넘어 사용하고 있다. 그런 잘못된 습관이 부상 발생에 영향을 미친다. 근육은 과사용하면 다치기 쉽다."

메시의 몸은 자동차와 달라서 쉽게 손상되고, 빨리 회복되기 어렵다. 메시는 지구력이 탁월해 오래 뛸 수 있지만, 근력은 그에 준하지 않아 파열이 생겼다.

당시 바르사 부회장 페란 소리아노와 마르크 잉글라, 치키 베히리스타인 단장은 메시의 근육 부상을 방지하기 위한 방법 찾기에 나섰다. 근육 보호를 위한 근력 강화 운동 및 영양 관리에 나섰다. 메시는 훈련 뒤 비타민으로 가득한 밀크셰이크를 마셔야 했다. 개인 트레이너 브라우가 소속팀뿐 아니라 대표팀 일정도 동행하며 훈련 전후로 마사지를 실시했다. 새로운 부상이 나오는 것을 방지하기 위한 체크를 철저히 하고 보강 운동을 실시했다. 훈련장에서도 동료들에게 메시 보호령이 떨어졌다. 바르사 훈련장은 늘 최대치의 집중력 속에 자체 경기가 이어졌지만, 메시에게 거친 파울성 플레이는 금지됐다. 당시 바르사 소속이었던 아이두르 구드욘센은 이런 방침에 대해 바르사 선수 중 누구도 반발하지 않았다고 전했다.

"메시는 축구계의 마이클 조던Michael Jordan, 미국 농구계의 황제로 군림

한 선수이다. 그런 선수를 보유했다면 잘 보호해야 한다. 그래서 누구도 그런 처사가 불공평하다고 느끼지 않았다. 다른 선수들도 메시의 도움을 받고 있었기 때문이다."

메시의 부상이 많았던 2007/2008시즌에도 바르사는 주요 대회 우승을 이루지 못했다. 몸 관리에 성공한 2008/2009시즌부터 우승 행진이 시작됐다. 특히 2009년에는 참가한 모든 대회에서 우승하는 위업을 이뤘다. 워낙 많은 대회를 소화했고, 2010 남아공월드컵 남미 예선전을 위해 장거리 비행도 자주 하면서 프로 데뷔 후 가장 많은 비행 거리를 기록했다. 메시는 2009년 한 해 동안 무려 13만 8,418.068킬로미터의 거리를 여행했다. 피로가 누적될 수밖에 없는 일정이었다.

인간의 체력에는 한계가 있다. 2010년 치른 경기에는 전과 같은 우승 행진을 이어가지 못했다. 기대가 컸던 2010 남아공월드컵에서는 8강전에 탈락했고, 메시는 한 골도 넣지 못했다. 바르사도 라리가 우승 외에 나머지 두 주요 대회 타이틀은 지키지 못했다. 몇몇 대회의 조기 탈락과 월드컵 남미 예선 일정이 빠지면서 2010년에는 비행 거리가 6만 5,640.314킬로미터로 절반 가까이 줄었다. 이 결과 2011년 라리가 우승과 UEFA챔피언스리그 우승 더블 달성이라는 또 한 번의 성공적인 시즌을 보낼 수 있었다.

많은 대회에서 우승하는 것은 많은 여행이 이어진다는 것을 뜻한다. 2011년에는 조국 아르헨티나에서 코파아메리카 대회까지 열려 다시 여름 휴가 기간이 줄어들고, 먼 거리를 이동해야 했다. 2011년 메시는 13만 2,133.58킬로미터를 여행했다. 결국 2011/2012시즌에는 코파델레이 우승에 만족해야 했다.

2013/2014시즌은 바르사와 메시가 2008년 이후 최악의 성적을 보인 시기였다. 주요 대회에서 무관에 그친 것뿐 아니라, 꾸준히 4강 이상의 성적을 거둔 UEFA챔피언스리그에서 8강 탈락의 쓴맛을 봤다. 메시의 부상도 잦았다. 2013/2014시즌 메시는 6년 만에 50경기 미만의 출전수를 기록했고 리그 경기 득점도 30골 미만을 기록했다. 앞선 세 시즌 53골, 73골, 60골을 기록했던 메시의 총 득점은 41골에 그쳤다. 물론 일반적인 공격수들에겐 꿈과 같은 수치지만, 메시의 입장에선 상승세에 제동이 걸린 흐름이었다. 메시가 오래전부터 꿈꾸던 2014 브라질월드컵 참가를 앞두고 있던 시즌이었기에 더더욱 우려가 컸다. 2012/2013시즌에 주제프 과르디올라 감독의 뒤를 이어 부임한 티토 빌라노바 감독은 건강상의 이유로 물러났으나, 2013/2014시즌 부임한 아르헨티나 출신 타타 마르티노 감독은 성적 부진과 선수단 관리 실패라는 책임을 지고 사임했다.

다른 시즌보다 적은 수의 경기를 뛰고 '2014 브라질월드컵'에 나설 수 있는 것은 전화위복이 됐다. 메시는 아르헨티나를 결승으로 끌어올리며 대회 최우수 선수에게 주어지는 골든볼을 수상했다. 그러나 결승전에서 메시는 체력적으로 매우 힘들어 보였다. 체력 관리에 실패하자 메시답지 않은 부정확한 슈팅이 늘었다. 결국 메시는 꿈에 그리던 월드컵 우승이라는 목표 달성을 다음으로 미뤄야 했다. 메시는 2014년에 체력의 한계를 뼈저리게 느끼며 빈손으로 집에 돌아가야 했다.

MESSI THEORY

"인간의 체력에는 한계가 있다"

2014년 여름 바르사의 새 감독으로 부임한 루이스 엔리케는 매우 중요한 인물을 대동했다. 피지컬 코치 라파엘 폴Rafael Pol이다. 아무리 위대한 전술도 이를 수행할 수 있는 신체 능력이 준비되어 있지 않다면 무용지물이다. 바르사는 엔리케 감독 체제에서 주전 선수들의 체력 고갈을 방지하기 위한 활발한 로테이션 시스템 가동으로 주목받았다. 엔리케 감독은 두 경기 연속 같은 선발 명단을 구성하지 않았다. 더불어 선수단의 피지컬 트레이닝 방식을 바꿔 선수들의 기량을 최대치로 끌어냈다.

이 역할이 피지컬 코치 라페엘 폴의 몫이었다. AS로마와 셀타비고 시절부터 루이스 엔리케 감독과 함께해온 폴은 2014/2015시즌 바르사 선수단의 몸 상태를 최상으로 만든 일등공신으로 꼽힌다. 바르사에서 성공하지 못한 공격수 놀리토가 셀타에서 부활한 배경에도 폴의 훈련이 있다.

타타 마르티노 감독이 이끌었던 2013/2014시즌 바르사는 무관에 그쳤다. 메시를 비롯해 시즌 내내 부상 선수가 다수 발생했다. 이 과정에서 몇몇 베테랑 선수들이 팀의 훈련 프로그램이 고루하고, 효과적이지 못하다고 항의하는 일도 발생했다.

폴이 진행한 피지컬 훈련은 볼을 가지고 즐겁게 진행되었다. 바르사 선수들의 마음을 사로잡은 것은 물론, 선수들의 몸 상태를 날렵하고 활력 있게 만들었다. 4개월간의 경기 출전 공백을 겪은 루이스 수아레스, 부상이 빈번했던 조르디 알바와 다니 아우베스가 기복 없이 뛸 수 있게 된 배경에도 건강한 몸 상태를 되찾은 것이 주효했다.

폴의 피지컬 훈련에 단순히 운동장을 돈다거나 해변 달리기, 웨이트장에서의 근력 운동은 존재하지 않는다. 메시는 "축구 훈련은 좋아하지만 웨이트장에서의 훈련은 정말 하기 싫다"고 말했던 적이 있다. 폴의 훈련은 메시에게 전혀 실증을 느끼게 하지 않았다. 폴의 훈련은 선수들이 공을 다루기 위해 최대한 유연하게 움직이고 빠르게 가속할 수 있는 방향으로 진행되었다. 폴의 피지컬 훈련은 일반 트레이닝과 구분되지 않는다. 전술 훈련과 연동성이 높다. 이는 요한 크루이프 전 감독의 철학이나 주제 무리뉴 감독, 주제프 과르디올라 감독의 방법론과도 맥을 같이한다.

리오넬 메시가 5킬로그램을 감량하며 최고의 컨디션을 찾은 비결은 철저한 식단 관리와 더불어 폴의 훈련 프로그램이 준 영향이 컸다. 폴은 메시의 부상을 줄이기 위해 체중 감량을 유도한 뒤 경기 중 최고 속도의 스프린트 시도를 제한하도록 했다. 이를 통해 메시는 더 강해졌고, 빨라졌다. 가속력도 최고 수준으로 향상됐다.

마구잡이로 최선을 쏟는 것은 무식한 행동이다. 사람의 신체는 사용할수록 닳고, 나이 들수록 약해진다. 폴은 언제나 모든 것을 쏟으려 하는 메시에게 자기 몸을 효율적으로 사용할 수 있는 과학적 수치를 제공했다. 메시는 때로 많이 뛰지 않는다거나, 경기 중에 걸어다닌다는 지적을 받기도 했다. 그러나 이는 중요한 순간 자신이 가진 최대치의 힘을 사용하기 위한 충전의 시간이다. 메시는 힘의 분산을 통해 다시 최고가 될 수 있었다.

⋮

"적절한 휴식을 가져야 한다"

아무리 강인한 정신과 간절함을 마음에 품고 있어도 체력이 뒷받침되지 않으면 멈춰 서고 포기할 수밖에 없다. 때로 인간은 절박한 순간 초인적인 힘을 내지만, 최소한의 체력적 밑바탕이 없다면 결국 주저앉을 수밖에 없다.

강한 체력을 구축하기 위해선 건강한 생활 습관과 꾸준한 운동, 그리고 적절한 휴식이 필요하다. 무조건 강행군으로 자신을 한계로 내몬다고 발전하는 것은 아니다. 인간의 몸도 기계 부품과 같다. 적당히 기름칠을 하고 사용하면 매끄럽게 돌아가지만, 무리해서 사용하면 고장이 난다.

바르사도 메시의 피지컬 강화 프로그램을 진행하면서 충분한 휴식 시간을 주는 것을 강조했다. 메시는 2005/2006시즌에 프로 데뷔 후 처음으로 부상을 입었다. 2006년 2월 첼시와의 UEFA챔피언스리그 16강전에 당한 부상에서 돌아온 것은 두 달여가 지난 2006년 4월 10일이었다. AC밀란과 UCL 준결승 1차전을 앞두고 메시는 훈련장에 복귀했다. 메시는 자신의 상태에 문제가 없다고 했지만 팀 닥터는 개인 훈련을 더 해야 한다고 만류했다. 팀 닥터는 메시가 100퍼센트에 이르지 못했다고 진단했으나, 메시는 자신의 몸은 자신이 잘 안다며 뛸 수 있다고 우겼다. 결국 훈련 중 부상이 재발했다. 미니 게임 중 프리킥 기회가 나자 메시가 차겠다고 나섰다. 헹크 텐카테 코치가 차지 말라고 말했지만 메시는 시도했고, 부상 부위에 통증이 나타났다. 결국 메시는 그대로 시즌 아웃 판정을 받았다.

바르사는 AC밀란을 꺾고 UEFA챔피언스리그 결승전에 진출했다. 메시는 아스널과의 결승전에 나설 수 없게 된 사실에 극도의 우울증을 겪으며 눈물을 참지 못한 날들을 보냈다. 메시는 개인 트레이너 후안호 브라우와 최대한 결승전에 맞춰 회복할 수 있도록 몸 만들기에 임했다. 고향 로사리오로 가서 심신의 안정을 꾀하기도 했다.

그러나 모든 방법이 허사로 돌아갔다. 결국 회복에 실패해 결승전에 뛰지 못했다. 이 일로 메시는 부상 치료의 중요성과 충분한 휴식의 필요성에 대해 절감했다.

대한민국 직장인들로부터 큰 공감을 얻은 만화 『미생』에는 이런 대사가 나온다.

"체력이 약하면 빨리 편안함을 찾게 마련이고, 그러다 보면 인내심이 떨어지고 그 피로감을 견디지 못하게 되면 승부 따윈 상관없는 지경에 이르지. 이기고 싶다면 충분한 고민을 버텨줄 몸을 먼저 만들어. '정신력'은 '체력'이란 외피의 보호 없이는 구호밖에 안 돼."

정신력은 체력적인 준비가 끝난 상태에서 큰 힘을 발휘한다. 체력적인 준비 없이 정신력을 과신해서는 안 된다. 몸은 거짓말을 하지 않는다. 적절한 휴식이 없다면 더 큰 것을 잃을 수 있다는 사실을 항상 명심해야 한다.

"모차르트의 열병"

모차르트가 활동하던 18세기는 의학 기술이 뒤떨어져 있었다. 18세기 유럽인의 평균 수명은 34세에 불과했고, 모차르트도 35세의 나이에 요절했다. 수많은 연주 여행과 자유 분방한 삶을 산 모차르트는 생애 동안 적잖이 병마에 시달렸다. 1762년 빈 황궁에서 치른 일주일간의 연주를 마친 뒤 성홍열로 앓아누웠다. 2주일 가까이 침대에 누워서 아무것도 할 수 없었다. 이 병으로 인해 모차르트는 연주 여행을 통해 벌어들일 수 있는 수익을 적 잖이 잃었다. 그 어떤 천재성보다 건강 관리가 중요하다. 성치 않은 몸으로는 그 어떤 노력 과 능력도 소용이 없다. 모차르트는 잘츠부르크로 돌아온 뒤 일곱 살 생일을 앞두고도 류 머티즘열로 앓아누웠다. 그런데 그렇게 앓아눕고 일어난 뒤에는 회복 후 폭발적인 발전을 보였다. 어쩌면 아파서 누웠던 시기에 원기와 동기부여를 회복하고 음악적 발전에 매진했던 것일 수 있다. 쉬지 않고 일에만 매진하는 것은 결국 자기 자신을 고갈시키는 일이다. 어쩌 면 휴식이 필요한 순간마다, 자연스레 몸이 버티지 못하고 병이 찾아온 것이리라. 몸이 버 텨내지 못할 때까지 강행군을 이어가는 대신 적절한 시기에 적당한 휴식을 취하면, 그 휴 식이 더 큰 도약을 위한 발판이 될 수 있다는 것을 보여주는 사례다.

월드컵 준우승과
두 번째 트레블

축구 기자로 일하면서 가장 잊지 못할 순간은 지상 최대의 라이벌전으로 불리는 FC바르셀로나와 레알마드리드의 '엘클라시코'를 현장에서 취재한 것과, 2014 브라질월드컵을 개막전부터 결승전까지 현장에서 취재할 수 있었던 경험입니다. 두 경기에 모두 리오넬 메시가 있었습니다. '2014 브라질월드컵' 조별 리그 일정 중에 한 후배 기자가 "이번 월드컵 우승팀은 어떻게 될까요?" 라고 물었던 일이 생각납니다. 저는 "메시의 월드컵이 되지 않을까?"라고 답했습니다. 결과적으로 메시는 대회 최우수 선수에게 주어지는 골든볼을 수상했지만, 결승전에서 독일에 패하며 월드컵의 주인이 되지는 못했습니다. 그러나 메시는 그로부터 1년 뒤 바르사 소속으로 역사상 유례없는 성공의 주인공이 되었습니다. 거대한 도전에 실패했지만, 이를 극복하는 과정에서 메시는 또 한 번 진화했습니다. 메시의 성공 스토리는 현재진행형입니다. 같은 시대를 살고 있는 현재의 메시에 대한 생생한 이야기를 전합니다.

"브라질에서의 실패, 두 번째 트레블의 밑거름"

브라질과 아르헨티나는 남미 축구의 양대 산맥이다. 둘의 관계는 아시아의 한국과 일본의 사이로 비교할 수 있는 앙숙이다. 1978년 아르헨티나 대회 이후 37년 만에 남미 대륙에서 열린 월드컵에서 우승하고자 하는 열망은 브라질과 아르헨티나 모두 강했다. 브라질은 네이마르를 앞세웠고, 아르헨티나의 리더는 메시였다. 당시 브라질 현지에서 만난 브라질 국민들도 현 시점에서 세계 최고의 선수가 메시라는 점을 인정했다.

펠레-마라도나 논쟁과 호나우두-지단 논쟁 등에서도 브라질 사람들의 팔은 자연히 안으로 굽었다. 그러나 브라질을 대표하는 스타 네이마르가 아직 성장기에 있었기 때문에 메시를 인정하는 분위기였다. 많은 이들이 "아르헨티나는 싫지만 메시는 좋아한다"고 말했다. 메시가 보여준 축구적 화려함에 매료되지 않을 수 없었다.

브라질과 아르헨티나가 나란히 대회 준결승전에 진출했을 때 남미 라이벌의 결승 대결에 대한 기대가 높아졌다. 개최국 브라질이 먼저 독일과의 준결승전에서 1-7 참패를 당하며 현지 분위기는 침체됐다. 아르헨티나가 승부차기 끝에 네덜란드를 꺾고 결승에 오르자 경기장 인근에서 분노에 찬 총격 소리가 들리기도 했다.

아르헨티나와 독일의 대결로 치러진 결승전에서는 브라질 사람들이 우려한 악몽은 일어나지 않았다. 독일이 연장전 끝에 아르헨티나를 1-0으로 꺾고 우승했다. 메시는 팀의 준우승에도 골든볼을 수상하며 대회 최고 선수로 인정받았는데, 우승 실패에 대한 좌절감이 컸기 때문에 전혀 즐거워하지 않았다. 메시는 자신의 세 번째 월드컵에서 이어진 실패가 정신적으로 큰 타격을 줬다고 밝혔다. 그러나 메시는 더이상 어린 아이가 아니었다. 패배에 어떻게 대처해야 다음 승리를 이어갈 수 있는지 생각할 줄 아는 베테랑이 되어 있었다.

"월드컵 결승전에서 패하는 것은 아주 엄청난 타격이다. 전 세계 도처에 있는 아르헨티나 국민들을 위해 해내고 싶었다. 실패하고선 아주 속상했다. 하지만 프로라면 저조한 순간을 빨리 벗어날 수 있어야 한다. 피치 위에서 기회를 놓쳤다고 해서 그 생각에 머물러 있어선 안된다. 다음 기회에는 득점해야 한다는 생각을 할 필요가 있다. 월드컵 우승에 실패하고서 화를 내거나 실망하고 낙담해서 동기부여를 잃는게 아니라 다음에 더 잘하기 위해 준비해야 한다."

메시는 그동안 바르사 소속으로 수많은 골을 넣고, 우승을 달성했다. 그러나 아르헨티나 대표팀에서는 바르사에 있을 때만큼의 활약을 보이지 못했다. 어린 나이에 바르셀로나로 이민 간 메시의 이 같은 모습에 일부 아르헨티나 언론과 팬들은 "메시의 몸에는 카탈루냐의 피가 흐른다"며 대표팀에 전력을 다하지 않는다고 의심했다. 그러나 이는 전적으로 오해다. 메시는 20세 이하 청소년 대표 선수로 2005년 FIFA U-20 월드컵 우승을 이뤘고, 바르사 클럽의 만류에도 2008 베이징 올림픽에 참가해 아르헨티나의 금메달 수상을 이끌었다. 메시의 조국

애는 강하다. 어린 나이에 스페인에서 살면서 느낀 타향살이의 아픔은 조국에 대한 그리움과 애정을 오히려 심화시켰다. 메시는 청소년 대표 시절 스페인 대표가 되기 위한 귀화 제안도 받았으나 뿌리쳤다. 하지만, 경기장 위에서의 부정적 결과가 메시에 대한 의심을 증폭시켰다.

이 모든 의심은 2014 브라질월드컵 남미 예선전에서 보인 메시의 독보적 활약, 그리고 월드컵 본선에서 보인 리더십과 득점력으로 일축됐다. 메시는 대회 본선 F조에서 아르헨티나가 3전 전승을 거두는 데 일등공신이었다. 보스니아헤르체고비나와의 1차전 경기에서 후반 20분 결승골을 넣어 2-1 승리의 주역이 됐다. 고전했던 이란과의 2차전 경기에서는 후반 추가 시간에 결승골을 넣어 1-0 승리를 만들었다. 16강 진출을 예약하고 치른 나이지리아와의 3차전에도 출격해 두 골을 기록하며 3-2 승리를 주도했다. 스위스와의 16강전에서는 연장 종료 직전 터진 앙헬 디마리아의 결승골을 사실상 다 만들어주었다. 하프라인 부근부터 단독 드리블 돌파를 펼치며 수비를 자신에게 몰아둔 뒤 마무리 패스로 디마리아의 득점 기회를 열어줬다. 아르헨티나 전 국민이 메시의 활약에 환호했다. 벨기에와의 8강전에서도 1-0 승리로 이어진 결승골을 넣은 선수는 곤살로 이과인이었지만, 경기 내내 최고의 활약을 펼친 선수는 메시였다. 네덜란드와의 준결승전에서는 체력적 어려움을 겪었다. 조력자 앙헬 디마리아가 부상으로 빠지면서 수비 견제가 더 심해졌다. 120분간 골이 터지지 않아 승부차기로 결승 진출의 주인공을 가렸다. 메시는 대담하게 첫 번째 키커로 나서 골을 성공시켰다. 아르헨티나가 승부차기 4-2 승리로 결승에 오른 과정에서도 메시의 영향력이 컸다. 그러나 결승전에서는 메시도 압박감을 이기지 못했다. 90분간 골을 넣지 못해 이어진 연장전에서 마리오 괴체에게 선제골을 내줬다. 종료 휘슬이 울릴 때까지 메시는 분전했다. 마지막 순간 프리킥 기회가 찾아왔으나 메시의 슈팅은 허무하게 허공을 갈랐다. 메시는 고개를 떨궜다.

바르사에서 보낸 2013/2014시즌에도 무관의 아픔을 겪은 메시는 월드컵 우승 실패로 프로 데뷔 후 최악의 시간을 보냈다. 메시 자신도 이 시기 정신적으로 어려웠다고 고백했다. 하지만 메시는 좌절감 속에 머물러 있기를 거부했다.

"솔직히 지난해 실패를 겪고 시즌을 시작하던 당시에는 행복하지 않았다. 부상 때문에 경기장에 서지 못한 날도 많았고, 경기력이 좋지 못한 날도 많아서 힘든 1년을 보냈다. 지난 시즌 내 경기력은 들쭉날쭉했다. 부상도 많고, 돌아온 뒤에도 좋은 상태를 찾지 못했다. 지난해를 잊고 내 최고의 상태였던 때로 돌아가기 위해 노력했다."

메시는 새로운 목표 설정에 나섰다. 2014/2015시즌 바르사에서 모든 트로피를 되찾고, 2015년 여름 코파아메리카 대회에서 조국 아르헨티나에 첫 우승 트로피를 안기겠다는 목표를 설정했다. 이를 위해 변화가 필요하다는 것을 인지했다. 혼자 힘으로 골을 만드는 것은 불가능하다. 그동안 호나우지뉴와 데쿠, 차비와 이니에스타의 도움을 받아 공격에 마침표 찍는 일에 집중해온 메시는 이제 자신이 도우미 역할을 더 많이 수행해야 팀을 살릴 수 있다고 판단했다. 2014/2015시즌의 문을 열면서 득점보다 팀 전체의 승리를 만드는 방법론에 더욱 집중했다.

2014/2015시즌 초반 경쟁자 호날두가 경이로운 득점 행진을 벌일 때, 메시는 매 경기 어시스트에 집중했다. 골은 후반기에 자연스레 찾아왔다. 골과 도움으로 모두 팀을 도왔다. 결국 2015년 여름 1년 전의 아쉬움을 모두 털어냈다. 라리가와 UEFA챔피언스리그, 코파델레이 대회를 모두 석권하며 축구 역사상 전무했던 통산 두 번째 트레블을 달성했다. 이 과정에서 메시의 공헌은 절대적이었다. 라리가 무대에서 43골 18도움으로 득점과 도움 모두 팀 내 최다 기록을 세웠다. 코파델레이 결승전에서는 아틀레틱빌바오를 상대로 하프라인 부근부터 문전까지 단독 돌파로 득점에 성공하는 묘기를 보였다. 유벤투스와의 UEFA챔피언스리그 결승전에서는 비록 득점을 올리지 못했으나 동료 공격수들의 득점 과정에 기점이 되는 플레이를 수행하며 숨은 MVP로 맹활약했다. 결승전에는 자신의 득점이 없었으나 최대 고비였던 바이에른뮌헨과의 준결승전에서 결정적인 두 골을 터트리며 총 10득점으로 득점왕 타이틀도 차지했다.

:

MESSI THEORY
"실패의 원인을 정확히 진단하라"

1년 전의 아픔을 교훈 삼아 메시는 한층 더 성숙해진 무적의 선수가 됐다. 메시는 스스로 빛날 뿐 아니라 팀 전체가 빛날 수 있는 플레이를 했다. 팀보다 위대한 선수는 없지만, 팀만큼 위대한 선수는 있다. 바로 메시다. 메시가 1년 전 겪은 부진을 극복할 수 있었던 것은 정신 자세나 동기부여의 변화가 아니다. 보다 실제적인 방법론을 찾았다. 가장 결정적인 변화는 체중 감량이다. 메시는 최악의 시즌을 보낸 2013/2014시즌 보다 5킬로그램가량을 감량했다. 턱선이 날렵해지고, 눈동자가 커 보일 정도로 외양의 변화가 눈으로 확연히 드러났다. 메시는 훨씬 더 날씬해졌고, 이를 통해 플레이 과정에서 근육이 받는 부담이 훨씬 줄었다.

체력 소모도 줄었다. 그동안 잦은 부상과 이른 체력 저하로 어려움을 겪은 메시는 경기 중 구토를 하는 일도 빈번했고, 근력이 떨어져 드리블에 실패하는 경우도 발생했다. 메시는 이탈리아 베네치아 인근에 기반을 두고 활동 중인 영양학자 줄리아노 포세르Giuliano Poser를 찾아가 식단 관리를 받으며 몸 관리에 나섰다. 단순히 체중을 줄이는 것뿐만 아니라 최상의 경기력을 내기 위해 도움이 되는 식단을 짰다. 주로 소금기 없는 쌀밥과 야채, 생선 위주로 식단을 구성했다. 그 결과 메시는 경기에 더 적합한 날렵한 몸 상태를 갖춰 기량을 극대화할 수 있게 됐다.

메시가 맞은 또 하나의 변화는 전술적 접근법이다. 그동안 메시는 몇몇 공격 파트너와 마찰을 빚었다. 공격 전술의 중심 역할을 차지하겠다는 경쟁의식 때문에 종종 내부 갈등이 있었다. 메시와 불협화음을 이룬 선수들은 차례로 팀을 떠났다. 2010년에는 중앙 공격 자리를 두고 의견이 달랐던 즐라탄 이브라히모비치가 AC밀란으로 이적했다.

2013년과 2014년에는 측면에서의 수비 가담과 메시에 대한 득점 집중에 피로감을 느낀 다비드 비야와 알렉시스 산체스가 바르사를 떠났다. 그리고 2013년 여름 네이마르, 2014년 여름 루이스 수아레스가 차례로 영입되었다. 메시는 두 명의 탁월한 스타플레이어와 더 이상 공격 중심 자리를 두고 경쟁을 벌이려는 생각을 하지 않았다. 이들이 성공적으로 팀에 적응하도록 돕고, 함께 시너지 효과를 내기 위한 방법론 찾기에 골몰했다. 두 선수 모두 남미 출신으로 문화적으로나 언어적으로 메시와 친했다. 평소 메시에 대한 존경심을 갖고 있던 선수들이기 때문에 조화를 이루는 과정에도 문제가 없었다. 네이마르는 공을 독점하고 드리블이 많은 선수라는 편견을 깨고 입단 초기부터 메시에게 집중적으로 공을 전달하며 빠르게 팀에 녹아들었다. 수아레스 역시 2014년 10월 레알마드리드와의 엘클라시코 경기부터 출전했는데, 득점보다는 도움에 집중하는 모습을 보였다.

메시는 "난 행운아다. 많은 대단한 공격수들과 지난 시간 동안 호흡을 맞춰봤다. 호나우지뉴와 위대한 커넥션을 이뤘다. 사뮈엘 에토오, 티에리 앙리, 페드로, 비야, 알렉시스 같은 선수들과도 함께해봤다"며 과거의 동료들에게도 존경을 표했다. 그러나 "과거의 공격 조합은 네이마르, 수아레스와의 라인업만큼 대단하지는 않았다. 두 선수는 그들 스스로 최고의 경기를 한다"면서 네이마르, 수아레스와 함께 짝을 이룬 일명 'MSN 트리오'가 역사상 최고의 공격 조합이라고 자처했다.

메시는 네이마르, 수아레스와 자유롭게 공을 주고받고 서로 기회를 만들어주며 조합을 맞췄다. 메시는 2014/2015시즌 라리가에서 기록한 18개의 어시스트를 두 공격 파트너에게 집중시켰다. 네이마르에게 8도움, 수아레스에게 5도움을 했다. 두 선수 역시 마찬가지였다. 수아레스도 14개 어시스트를 기록했는데, 메시에게 7개의 도움, 네이마르에게 4개의 도움을 했다. 네이마르는 7개의 도움 중 5개를 메시에게 했다. 트레블 달성의 꽃이었던 UCL 무대에서도 메시와 네이마르가 각각 10골, 수아레스가 7골을 넣었다. 도움도 서로가 했다. 메시는 5개 도움 중 3개를 네이마르에게 했고, 수아레스는 3개 도움 중 2개를 네이마르, 1개를 메시에게 했다. 코파델레이 무대에서도 MSN 트리오는 14골을 합작했다.

메시는 MSN 트리오를 자신이 맞춰본 최고의 공격 조합이라 생각하는 이유로 "경기장 밖에서 서로의 관계가 아주 좋다"는 점을 꼽았다. 축구도 결국 사람의 일이다. 인간적으로 친밀해야 경기장 안에서의 호흡도 더 좋을 수밖에 없다. MSN 트리오는 자신이 득점자가 되겠다는 이기심이 없고, 서로의 영역과 역할에 대한 존중과 분담이 확실하다. 메시는 "전에도 네이마르의 능력에 대해 말한 적이 있다. 터치와 피트니스, 그는 세계 최고의 선수가 될 수 있다. 수아레스도 마찬가지다. 그의 터치, 시야, 움직임, 본능적인 플레이는 믿기 어렵다. 우리 모두 다른 것을 제공하고, 서로를 더 잘할 수 있게 만들어준다"며 MSN 트리오의 강점을 직접 자랑했다.

네이마르는 왼쪽 측면에서 가운데로 들어가며 자신의 장기인 드리블과 슈팅을 뿌리고, 메시는 오른쪽 측면에서 역습의 기점이 되거나 중앙으로 들어와 경기 전체를 조율하는 볼을 배급하고, 때로는 문전으로 침투해 득점한다. 수아레스는 최전방에 자리하지만 공을 기다리지 않고 공간을 만들기 위해 뛰어다닌다. 이렇게 생긴 공간을 네이마르와 메시가 잠식하고, 이들은 또 수아레스에게 좋은 기회가 생기면 주저없이 킬패스를 보내준다.

바르사를 거친 모든 공격수들이 최고 수준이었지만, MSN 트리오는 과거 공격수들이 갖춘 덕목을 모두 갖추고 있는 무결점 공격 라인이다. 바르사의 역대 공격 조합 중 가장 많은 득점122골을 합작한 만큼 기록적으로도 최고임이 입증되었다. 메시는 이것이 시작에 불과하다며 앞으로가 더 기대된다고 말하고 있다.

"우리는 셋이서 이제 겨우 한 시즌을 보냈다. 여전히 파트너십을 높이기 위해 할 일이 많다. 우리는 다 함께 더 발전할 수 있다."

메시는 수많은 골을 넣은 과정에서 팀 내 선배인 차비와 이니에스타의 도움을 많이 받았다. 이제는 자신이 차비처럼 볼을 배급하고, 이니에스타처럼 연결해주며 팀 공격 전체를 지휘하고 리드해야 하는 입장이라는 것을 잘 알고 있다. 바르사에 점점 신참 선수들이 들어오고 있고, 메시는 이들의 도움을 받기 위해 먼저 도움을 주고 중심을 잡아줘야 한다. 아르헨티나 대표팀에서도 마찬가지다. 메시는 2015 코파 아메리카에서 자신의 득점이 아닌 팀의 득점을 위한 도우미 역할에 더더욱 집중했다. 바르사에서 차비와 이니에스타가 하던 역할을 모두 수행하는 것은 물론, 메시 자신의 역할까지 해내는 1인 3역으로 아르헨티나를 결승전에 진출시켰다.

메시는 상황에 따라 최고의 경기력을 낼 수 있는 방법론을 찾았다. 메시는 모든 포지션을 수행할 수 있는 축구 지능과 기술을 갖고 있다. 이러한 면모는 이미 바르사로 건너오기 전, 아르헨티나 뉴웰스 유소년 팀에서 뛰던 시절에 이미 확인됐다. 당시 메시를 지도했던 가브리엘 디헤롤라모 코치는 "기술적으로 메시는 어떤 선수들에게서도 본 적 없는 재능을 보였다. 그는 내가 포지션을 바꿀 때마다 잘했다. 피치의 모든 지역에서 잘 적응했다. 한 번은 스위퍼를 시켰는데 평생 스위퍼를 본 선수처럼 뛰었다"고 회고했다.

메시는 나이가 들어감에 따라 자신의 근력과 체력이 떨어지고, 과거처럼 폭발적인 드리블을 할 수 없는 선수가 되리라는 것을 알고 있다. 브라질의 축구 스타 호나우두도 큰 부상과 체중 증가 이후 간결한 스타일로 변해 활약을 이어갔고, 직속 선배인 호나우지뉴도 현란한 드리블보다 창조적인 패스와 볼 배급, 킥력 강화를 통한 미드필더형 선수로 변신해 선수 경력을 오래 이어갔다. 메시도 자신이 언젠가는 다른 역할을 맡아야 한다는 것을 생각하고 있다. 메시는 자신이 홀로 모든 선수를 제치고 골을 만드는 일보다, 축구를 하는 것 그 자체에 대한 애정이 강한 사람이다. 메시는 변화와 도전을 두려워하지 않는다. 늘 최선과 최고를 위한 해결책으로 향한다.

"내가 나중에 중앙 미드필더로 뛰는 것도 있을 수 있는 일이다. 많은 선수들이 축구 경력의 마지막에 가서는 더 깊은 포지션으로 내려가는 이동을 하곤 한다. 축구 경력을 연장하며 뛰는 많은 선수들이 있다. 여러 다른 곳에서 뛰고 항상 폭발적인 모습을 내지 않고 스피드를 활용하지 않아도 되는 위치로 가는 것이다. 내게도 옵션이 될 수 있다. '아웃-앤드-아웃 미드필더'로 변하는 것이다. 난 이미 많은 경기를 미드필드에서 뛰어봤고, 그곳에서 많은 지역을 커버해봤다. 난 특정 포지션을 선호하지 않는다. 공격수, 처진 공격수, 미드필더로 뛰는 것 모두 행복하다. 다만 내가 바라는 것은 계속해서 뛸 수 있는 것뿐이다."

⋮

"뚜렷한 목표의식으로 실패를 컨트롤하라"

나이가 들고 경험이 쌓이면서 사람의 성격은 조금씩 변하고, 꿈과 목표도 달라진다. 욕심이 많고, 야망이 컸던 메시도 베테랑의 길로 들어서며 달라졌다. 더 뚜렷하고 명확한 목표의식을 갖고 실패를 컨트롤할 수 있는 지혜를 얻었다.

메시는 "내 목표는 항상 바르사를 위해 우승컵을 드는 것이다. 그게 언제나 내 동기부여다. 팀으로 승리하는 것보다 더 기분 좋은 일은 없다"며 팀플레이에 점점 더 집중하는 선수가 되고 있음을 피력했다. 평생 축구만 해왔지만, 축구 열정도 고갈되지 않았다. 성공이 계속된 반복에서 따라온다는 것을 누구보다 잘 알고 있다. 토끼 메시는 수많은 우직한 거북이의 추월을 용납할 틈을 보이지 않는다.

"동기부여는 내가 걱정하는 부분이 아니다. 난 축구를 사랑하고, 훈련도 사랑한다. 매일의 삶이 환상적이다. 성공은 당신이 그것을 계속해서 반복할 때 가능하다."

자기 일을 즐기는 메시에게도 부담감이라는 것이 있을까? 그 역시 사람이기에 없다고 할 수는 없다. 그러나 그는 이에 대처하는 방법에 대해서도 잘 알고 있다. 스스로 즐기고 있다는 자기주문을 걸며 마인드 컨트롤에 나선다. 세상에 저절로 되는 것은 없다.

"축구에서 부담감은 재미있는 주제다. 개인적으로 나는 최대한 혼자 해결하려고 노력한다. 경기 중에도 최대한 침착해지려고 한다. 발로 밟는 잔디의 느낌을 기억하면서 축구야말로 내가 제일 좋아하는 것이라고 자기주문을 건다. 매 경기 나는 부담감을 이용하려고 노력한다. 내 능력을 극대화하는 데 부담감이 도움을 준다고 생각한다. 하지만 부담감을 크게 신경 쓰진 않는다. 왜냐하면 나는 내가 하는 일을 항상 즐기고, 그게 바로 축구이기 때문이다."

아들 티아고가 태어난 이후 메시는 실패를 컨트롤하는 것에 더욱 집중하고 있다. 스페인 스포츠지 「마르카」의 아르헨티나 특파원 베로니카 브루나티Veronica Brunati는 "메시는 아빠가 된 이후 아들을 고려하며 결정을 내리기 시작했다. 아주 작은 실수도 하지 않아야 한다는 두려움을 갖게 됐다"고 말했다. 그리고 이렇게 덧붙였다. "이 두려움이 메시를 더욱 성장하도록 도왔다. 브라질월드컵 결승전에서 패배하는 힘든 순간을 이겨내는 과정에 이러한 감정적 변화가 큰 도움을 줬다."

메시도 '티아고 효과'를 인정한다. 오직 축구만 생각하고, 승리욕의 화신이던 메시는 이제 적절히 승리욕과 야망을 컨트롤하고 긍정적으로 승화할 수 있는 노련함을 얻었다.

"아들이 태어나면서 내 모든 것이 달라졌다. 첫 번째는 무조건 아들이다. 그 다음에 다른 일들이 있는 것이다. 경기를 대하는 방식도 달라졌다. 그 전에는 경기에 지거나 나쁜 일이 있으면 3~4일 동안 누구와도 대화하지 않고 지냈다. 다시 경기를 통해 극복할 때까지 침묵했다. 지금은 경기를 마치고 집에 가서 아들을 보고 모든 것을 잊는다. 아빠가 되는 것은 나 자신이 성장하는 데 도움을 주고 삶에 축구 외에 더 많은 것이 있다는 것을 생각하게 한다."

소년에서 아빠가 된 메시는 이미 축구 역사상 불멸의 존재가 되었다. 그가 더 특별한 이유는 축구 역사를 지배한 그 어떤 스타보다 눈부시게 등장해 빠르게 타올랐음에도, 그 불길을 누구보다 꾸준히 지속하고 있다는 점이다. 순간의 스파크가 아닌 불멸의 불꽃이다. 이미 정상에 있지만, 메시라는 선수가 써나갈 역사가 얼마나 더 대단할지 짐작도 할 수 없다. 메시는 그동안 다양한 분야에서 등장한 천재가 불꽃처럼 나타났다가 사라진 것과 달리, 거장의 반열에 들어서고 있다. 메시의 불꽃은 영원히 이어질 것처럼 흔들림이 없다. 메시는 자신의 재능과 성공을 지킬 줄 아는, 노력하는 천재다.

"천재도 실패한다"

음악적으로 모차르트는 실패한 적이 없다. 그의 생애에 쓴 곡은 모두 현재까지 위대함을 인정받고 있다. 그러나 인생에서 성공이란 단순히 업적만으로 판단할 수 없는 것이다. 인간 모차르트의 인생이 성공적이었느냐고 묻는다면 확답을 내리기 어렵다. 음악 신동, 천재로 불리던 모차르트는 1777년에 법적인 성인이 된다. 부친 레오폴트의 철저한 관리하에 자라던 모차르트는 자립을 해야 하는 나이에 수많은 갈등으로 점철된 인생을 살았다.

성인이 되기까지 부친 레오폴트와 모든 여정을 함께한 모차르트는 음악적인 일 외에는 어느 것도 혼자 하기 어려운 상태였다. 레오폴트가 연주 여행을 할 수 없는 상황에는 모친 안나 마리아가 동행했는데, 안나 마리아는 모차르트가 성인이 된 후에도 그의 일거수일투족을 세세히 보고받았고, 또 통제했다. 특히 여자관계에 있어서 엄격하게 통제했다. 모차르트가 연주 여행 기간 대주교로부터 봉급을 받을 수 없게 되자 레오폴트는 가문의 돈과 자신의 봉급으로 모차르트의 연주 여행에 경제적 지원을 했고, 이후 모차르트는 더더욱 부친의 간섭에서 자유롭지 못했다.

1778년 만하임을 방문한 모차르트는 알로이지아 베버를 만나 사랑에 빠지게 된다. 알로이지아는 탁월한 가창력을 갖춘 소프라노이자, 뛰어난 피아니스트였다. 16살의 알로이지아가 가진 음악적 재능과 매력에 빠진 모차르트는 예정된 파리 여정도 포기하고 알로이지아를 가르치기 시작했고, 이탈리아로 데려가 오페라 무대에 세우겠다는 새로운 계획도 세웠다. 알로이지아는 전직 공무원 프리돌린 베버의 딸이었다. 가난한 음악인 집안이었다. 레오폴트는 알로이지아와 모차르트가 맺어지는 것은 전혀 득이 될 게 없다고 여겼다. 레오폴트의 완강한 반대에 부딪힌 모차르트는 결국 파리로 향했다. 모차르트는 파리를 좋아하지 않았다. 자신의 음악을 온전히 이해할 줄 아는 이가 없다고 여겼다. 실제로 모차르트의 공연에 형식적인 박수만 있었을 뿐 깊이 있는 음악적 공감이 없었다. 모차르트는 파리에서 불행했다. 게다가 파리에서 병을 얻은 모친 안나 마리아까지 사망하고 말았다. 모친을 잃은 모차르트는 부친 레오폴트로부터 다시금 강한 비판을 받았다. 뮌헨으로 이동한 알로이지아와 다시 만나려 했으나 이미 둘의 사이는 파국을 맞은 상태였다. 모차르트는 연인과 어머니를 모두 잃었다. 어머니가 돌아가신 슬픔도 모차르트는 음악적으로 승화했다. 〈피아노 소나타 제8번 a단조 K.310〉은 에너지와 영웅주의가 넘치는 걸작으로 꼽힌다. 임종에 임박한 어머니의 고통을 지켜보면서 빠르고 장엄한 음악을 작곡했다.

1779년 고향 잘츠부르크로 돌아온 모차르트는 교회 오르간 연주자, 성가대 지휘자, 소년 성가대원 지도자 등의 허드렛일을 하며 작곡 일을 병행했다. 그러다 1781년 대주교와 설전 끝에 고용 관계를 끝냈고, 그토록 바라던 자유의 몸이 되었다. 그의 나이 25세의 일이다. 모차르트는 1782년 빈에서 베버 가문과 재회한다. 알로이지아의 모친이 운영하는 하숙집에 기거했기 때문이다. 모차르트는 알로이지아의 여동생이었던 콘스탄체와 연인이 된다. 부친 레오폴트의 반대에도 1782년 8월 4일 콘스탄체와 결혼했다. 레오폴트는 모차르트의 결혼 소식을 편지로 전해 들었다. 모차르트 부부는 곧바로 첫 아이를 임신했고, 1783년 6월 17일 아들을 낳았다. 아이에게 부친의 이름을 따 라이문트 레오폴트라는 이름을 붙였다. 여전히 부친 레오폴트와의 관계는 소원했다. 모차르트는 2년 반 만에 아내 콘스탄체와 함께 잘츠부르크를 방문해 부친 레오폴트, 누나 난네를 만났으나 환영받지 못했다. 첫 아들 라이문트 레오폴트는 생후 9주 만에 병에 걸려 사망했다.

가족과의 불화, 그리고 아들의 죽음을 겪고도 음악적으로 모차르트의 활동은 왕성했다. 1784년에는 무려 17번의 콘서트를 열었고 수많은 곡을 작곡했으며, 악보를 출판하고 학생들을 가르치며 많은 돈을 벌었다. 이를 통해 빈에서 가장 비싼 아파트로 이사했고, 둘째 아들 카를 토마스도 태어났다. 거듭된 불우한 사건 속에 음악이 그의 우울증에 대한 진통제 역할을 했다는 전문가들의 분석이 지배적이다. 1785년에는 부친 레오폴트가 빈을 방문해 화해했다. 1786년에는 오페라 〈피가로의 결혼〉을 발표했고, 음악적으로 최고의 성공을 거뒀다. 모차르트의 인생에 다시 서광이 비치는 듯했으나 1787년 부친 레오폴트가 병에 걸려 사망했고, 유럽 전역에 전쟁과 질병의 광풍이 들이닥쳐 수입이 급감했다. 모차르트는 다시 궁정 실내악단 악사로 취직을 해야 했다. 경제적 악재가 들이닥치면서 모차르트는 돈을 벌기 위한 연주 여행을 떠났으나 음악적인 호평만 받았을 뿐 경제적으로 만족할 만한 수입을 올리지는 못했다. 가족의 불행도 계속됐다. 테레지아는 태어난 지 6개월 만에 죽었고, 또 한 번의 임신도 실패로 돌아간다. 태어난 지 한 시간 만에 아이가 죽었다. 몸이 쇠약해진 아내 콘스탄체도 정맥류성 궤양을 앓았다. 그 사이 모차르트는 어떤 연유로 더욱 극심한 경제적 궁핍 상태에 빠진다. 도박에 빠졌다는 소문도 있었으나 확인되지 않은 일이다. 빚을 지고 이자를 갚기도 빠듯한 상황이 된 것은 어느 정도 사실로 알려졌다. 모차르트가 현대를 살았다면 막대한 저작권료 수입으로 이 같은 걱정을 할 필요가 없었을 것이다. 필립 솔레르스가 쓴 평전에 따르면 "오스트리아를 통째로 살 수 있을" 정도라 했는데, 그 이상의 수익을 거뒀다고 말해도 과장이 아닐 것이다.

다시 빈으로 돌아온 뒤 1791년에 오페라 〈마술피리〉를 발표하며 음악적 활동을 왕성하게 이어갔다. 10월에 발제크 백작이 의뢰한 〈레퀴엠〉을 작곡하던 중 병을 앓아 제자 쥐스마이어에게 곡의 완성을 지시하고 숨을 거뒀다. 모차르트가 어떤 병으로 죽었는지에 대해서는 여러 가지 설이 많다. 류머티즘열부터 상한 돼지고기를 먹고 탈이 났다는 주장, 독살을 당했다는 주장과 의사의 치료가 잘못되어 부작용으로 사망했다는 이야기까지 다양하다. 어찌 되었든 천재의 죽음은 예상보다 빨리, 갑작스레 찾아왔다. 그리고 운명처럼 〈레퀴엠〉을 마지막 작품으로 남겼다.

유럽 전역을 관통한 음악적 성공에도 모차르트에게 남은 것은 빚뿐이었다. 당시 황제 요제프 2세가 전통 장례 의식에 불필요한 낭비를 지양해 자루 매장 방식을 규범화하면서 모차르트의 시신은 자루에 담긴 채 성 마르크스 공동묘지에 매장되었다. 지금도 모차르트가 정확히 어디에 묻혀 있는지는 알 수 없다. 당시 그의 신분상으로는 절차에 맞는 매장이었지만, 세계 음악사에 절대적인 획을 그은 거장의 마지막이라기에는 너무 초라했다. 음악가로서의 인생으로 본다면 짧고 굵은 완결성을 띠지만, 한 인간의 인생사로 본다면 희극

보다는 비극에 가까운 인생이었다. 그런 점에서 천재의 인생이 꼭 성공으로 연결되지는 않는다는 교훈을 얻을 수 있다. 그 어떤 부와 명예도 건강과 가정의 평안 없이는 성공이라는 단어로 완성될 수 없다.

제2의 메시를
강요하지 말자

아르헨티나는 오랫동안 '제2의 마라도나'를 찾아 헤맸다. 그 적임자로 리오넬 메시가 등장했다. 그리고 메시는 '제2의 마라도나'라는 꼬리표를 떼고, '제1의 메시'가 되었다. 어떤 분야든 선구자의 뒤를 잇는 후계자를 기다린다. 그러나 누군가의 뒤를 잇는다는 것은 끊임없는 비교의 그늘에서 살아야 한다는 것을 뜻한다. 적지 않은 이들이 그 부담감을 이기지 못하고 주목받던 당시의 불꽃을 유지하지 못한다.

영원히 소년일 것 같은 얼굴의 메시도, 이제 아빠가 되었다. 메시는 축구계의 대표적인 '아들 바보'다.

"티아고가 태어나면서 내 인생이 크게 바뀌었다. 내 인생에서 이제 티아고가 가장 중요하다. 세상 사람들과 똑같다. 누구든 자기 자식을 먼저 생각한다. 정말 환상적인 경험이다. 누구에게나 아들은 인생 최고의 선물이라고 믿어 의심치 않는다."

2015년에는 둘째 아이의 출산도 기다리고 있다. 메시가 자신의 아들이 '제2의 메시'가 되기를 바라고 있을까? 물론 자신처럼 축구를 사랑하고, 성공한다면 뿌듯한 일이겠지만, 자신의 아들에게 큰 압박감을 주고 싶어 하는 아빠는 없을 것이다. 부모의 강요로 될 수 있는 것도 아니다. 재능은 자연스러운 호기심과 흥미에서 시작된다. 도움을 줄 수 있는 환경, 원하는 일에 대한 지원은 해줄 수 있지만, 원치 않는 꿈을 설정하고 억지로 끌고 갈 수는 없다. 말을 물가로 데려갈 수는 있지만 물을 마시게 할 수는 없다.

메시와 모차르트의 사례를 통해 천재를 만들 수 있는 매뉴얼이 존재한다는 것을 확인했다. 하지만 매뉴얼이 있다고 해서 누구나 실행에 옮길 수 있는 것은 아니다. 아는 것보다 실천하는 것이 더 어렵다. 실천한다고 모두 같은 결과가 나온다는 보장도 할 수 없다. 메시와 모차르트라는 시대의 천재를 보면서 가장 주목해야 하는 것은 이들이 모두 자신이 좋아하는 일을 극도로 즐겼다는 점이다. 그렇게 몰입하고 즐길 수 있는 일을 만난다는 것 자체가 성공이고 행복이다. 천재와 성공은 그 과정에서 수많은 화학작용을 통해 완성된다. 비록 천재가 되지 못한다고 하더라도, 아이가 그토록 즐기는 일을 찾고, 도전할 수 있다면 이미 절반쯤은 성공한 것이다. 그러다 보면 세상을 깜짝 놀라게 할 천재가 나올 수도 있는 일이다.

'제2의 메시'를 강요하지 말자. 꿈은 스스로 꿔야 이룰 수 있다. 다른 무엇보다 아이들이 푸른 꿈을 꾸고, 행복하게 자랄 수 있도록 만드는 것이 '제2의 메시'를 만나기 위한 전제 조건이라는 사실을 잊지 말았으면 한다.

| 참고문헌 |

스포츠 관련
기엠 발라게, 『MESSI』
기엠 발라게, 『펩 과르디올라』(한스미디어)
유럽축구연맹 공식 매거진 『챔피언스(Champions)』
아르헨티나 축구 매거진 『올레』
이탈리아 스포츠 신문 『코리에레 델라 세라(Corrierre della serra)』
스페인 스포츠 신문 『마르카(MARCA)』
스페인 스포츠 신문 『문도 데포르티보(Mundo Deportivo)』
축구전문지 『포포투』 한국판

모차르트 일화
피터 게이, 『모짜르트, 음악은 언제나 찬란한 기쁨이다』(푸른숲)
필립 솔레르스, 『모차르트 평전』(효형출판)
제러미 시프먼, 『모차르트, 그 삶과 음악』(PHONO)
유윤종, 〈서양 음악사의 뒤안길—안토니오 살리에리〉(네이버캐스트)

천재 육성 연구
말콤 글래드웰, 『아웃라이어』(김영사)
매슈 사이드, 『베스트 플레이어』(행성B웨이브)
사와구치 도시유키, 『유아교육과 뇌』(한국문화사)
유아 영재 교육연구회 외, 『천재는 뇌가 결정한다』(동천사)
김희수 외, 『교육심리학』(박학사)